यह भूमंडल की रात है

[कविता संग्रह]

यह भूमंडल की रात है

पंकज राग

राजकमल प्रकाशन

ISBN : 978-81-267-1669-2

मूल्य : ₹ 295

पहला संस्करण : 2008
दूसरा संस्करण : 2016

प्रकाशक : राजकमल प्रकाशन प्रा. लि.
1-बी, नेताजी सुभाष मार्ग, दरियागंज
नई दिल्ली-110 002

शाखाएँ : अशोक राजपथ, साइंस कॉलेज के सामने, पटना-800 006
पहली मंजिल, दरबारी बिल्डिंग, महात्मा गांधी मार्ग, इलाहाबाद-211 001
36 ए, शेक्सपियर सरणी, कोलकाता-700 017

वेबसाइट : www.rajkamalprakashan.com
ई-मेल : info@rajkamalprakashan.com

मुद्रक : बी.के. ऑफसेट
नवीन शाहदरा, दिल्ली-110 032

YEH BHUMANDAL KI RAAT HAI
Poems by Pankaj Rag

माँ और मीमी को

अनुक्रम

यह भूमंडल की रात है

दिन बड़ा ग़रीब सा गुज़रे
शाम बड़ी थकी-थकी सी हो
भूख हो, पर लगे नहीं
हरारत हो, पर दिखे नहीं
बातें सतरंगी करो
यह भूमंडल की रात है।

जब-जब यह रात बरसती है
तारे टपकते हैं
क़ीमती पोशाकों पर लगे सेक्विन की तरह
ज़मीन के ऊपर ही ऊपर
पूरे कमरे को आच्छादित करते हुए
चमचमाते चिकने चेहरों के आदमी
ऑ द'वूर[1] कुतरती औरतें
यह मलाहत का उजला नज़ारा है
यहीं मुफ़लिसी को दरकिनार करती विकास की बढ़ी दर भी है।

पूरा भूमंडल इस कमरे में है
कुछ रोशनी हमारे आई.एम.आर. और एम.एम.आर. के कारण ही इस जगह है
हमारी थकान कर्ज़ से भी मिटती है, अनुदान से भी
विदेशी शराब जैसी निर्बाध उधारी
कांच के रेशों की तरह का अनुदान ।

---

1. hors d' ouevres.

जो हल्के हल्के काटता है
ख़ून कमरे के बाहर ही टपके
इस रात इसका भी पुख़्ता इन्तजाम है।

ऐसी ही रातें सौ साल पहले भी थीं
लेकिन तब शायद एक स्पष्ट पहचान थी
अब सब कुछ गड्ड-मड्ड हो गया है
विभेद डूब गया है
शक्लें तरल हो गई हैं
अब विमर्श ही विमर्श है
तकनीकों का वैज्ञानिक विमर्श
ताक़त के नए सिद्धान्त
चकाचौंध कर खींचते हुए नए चुम्बक
रोशन कर के झुलसा देने की कला
हर तरीके के पले पाले कलाकार
बुद्धिजीवियों और तालीमयाफ़्ता नुमाइंदों की बढ़ती कतार
रात को खींचकर निकाला जा रहा समय
दिनों को निचोड़कर बनाई जा रही जगह
जैसे रात के अन्तिम प्रहर में पूरी पार्किंग को चौंधियाती आती एक नई कार
जैसे भूमंडल में एक नए तारे का आविष्कार।

यह रात एक घोषित रात है
यहां विश्लेषण नहीं, ब्रेकिंग न्यूज़ है
दिन ख़बरों में मशगूल रहे
रंगों का सिलसिला विखंडित न हो
रंगों की प्रक्रिया पर शोध हो
रंग क्यों बने यह ज़ाहिराना माना जाए
काले-सफ़ेद के विवाद में पड़कर रंगों को भूलना नादानी है
यह तुम्हारे देश की नीमरोज़ी धूप नहीं
यह भूमंडल की रात है।

[2005]

कहानी

वह नक्षत्रों की आहट थी
पर उससे एक भी किस्सा नहीं बनाया मैंने
चिड़ियों ने चहचहाना तक बंद नहीं किया
मैं चौंका नहीं
पूर्वजों के लगाए तुलसी के पौधे की गंध भी घूमिल नहीं हुई
पत्नी की नींद नहीं टूटी
बच्चों ने खेल नहीं रोका, गेंद उछलती रही।

जब कुछ भी अजीब न हुआ
तो उसने मुझे टोका
और बताया कि वह काफ़ी देर से आ चुकी है
और हमें चाहिए कि उस पर ध्यान दें
वरना उसे ध्यान खींचने के और तरीके भी आते हैं
इतना कह कर उसने गेंद को एक किक लगाई और तुलसी के पास बैठ गई।

मैंने पत्नी को उठाया
हम दोनों कुछ देर सहमे रहे,
फिर विचार विमर्श किया
उसे पास बुलाया और घर में थोड़ी जगह दे दी।
वह ख़ुशी-ख़ुशी आ गई
हमने बच्चों को भी फुसफुसा कर उसके आगमन की सूचना दे दी
और उनसे कहा कि वह हमारी दूर की रिश्तेदार है।
उसके आने और हमारे स्वीकारने के बीच जो वक़्त गुज़रा
उसकी बातें बेमानी नहीं हैं, पर करना फिजूल है

प्रक्रिया का यूं भी कोई अर्थ नहीं रहता
और यहां तो बहस भी खास नहीं हुई।

अब वह हमारे साथ रहती है।
हम सब व्यवस्थित हो गए हैं
बच्चे सारा दिन पढ़ते हैं,
हम अपनी तौलती निगाहों से उन्हें पढ़ता देखते हैं
और उनके बारे में सोचते हैं।
हमने भी एक तुलसी लगा ली है
मेरी पत्नी उसे रोज़ पूजती है
पड़ोसिनें हमारे घर अब खूब आने लगी हैं
मेरी पत्नी अब दोपहर में सोती नहीं,
वह हर शाम मुझसे काले धागों की बातें करती है।
मेरे बच्चे प्रतियोगी हो चुके हैं,
हमें देश पर संशय होने लगा है,
अब हमारे घर की भी एक कहानी है।

[2001]

फ़ोन की बातें

फ़ोन की बातें
जैसे गली से गुज़रे बिना घर में प्रवेश
जैसे चेहरे को आवाज़ में दुहराना
प्रवाह पर शक करना
हंसी को तौलना, चुप्पी पर सहमना
जैसे किसी तराज़ू को कस कर पकड़ना
पीछे आती खट-पट को याद करना
चौखट की दूरी नापना
लहज़े को आंकना
आंक कर घरू बनाना, सांकल बजाना...
फ़ोन की बातें–
जैसे कोशिशों के क्षण,
बदलते शरीर, पुराने मन।

फ़ोन की बातें
जैसे आवाज़ों को अपने से सटाना
टूटे तारों को बुला-बुला कर लिपटाना
किसी का हिलना, किसी का थामना,
किसी की ओट, किसी का भंवर।

फ़ोन की बातें
अंततः दिमाग की दौड़, दिल की हार
संदर्भों को जल्दी-जल्दी बदल कर एक खोजा गया कवच
उसकी ज़मीन की टोह

बचाव के उस पल को दीर्घ करती लंबी सांस
फिर ऊपर-झापर के वाक्यों का बेतुका गठन
और आश्वस्ति के उसी लम्हे में अंत की आतुरता।

फ़ोन की बातें
दुखती बातें, बीच-बीच में कचोटती बातें
पर हमेशा ही अधूरी बातें, हर बार ही छोड़ी बातें
हर बार का भय, हमेशा का पलायन
और सब ठीक-ठाक?
सब ठीक ही ठाक
फिर अंतिम मौन,
फिर डायल टोन।

[2000]

दिल्ली : शहर दर शहर

ख़ुश हो लें कि आप दिल्ली में हैं
ख़ुश हो लें कि आप मर्कज़ में हैं
बिना ख़तों के लिफ़ाफ़ों में
आपके पते बहुत साफ़ नहीं
फिर भी आप मजमून बना लेंगे
क्योंकि आप दिल्ली में हैं।

आंखों की पुतलियों पर ठहरती नहीं है दिल्ली
हाथ के आईने में रुकते नहीं हैं लोग
फिर भी, दिल्ली जब जब बुलाती है लोग दौड़े चले आते हैं।
सवाल कई उठते हैं
क्या दिल्ली एक आवाज़ है?
क्या दिल्ली की गलियां पुकारती हैं?
क्या दिल्ली की रातों में आत्माएं भटकती हैं?
दिल्ली, जो हमेशा से शहर कहलाती रही
वह कहीं टिकती क्यों नहीं?
यह हमेशा की बेचैनी कैसी?
बार-बार इलाके बदलने की यह कैसी उत्कंठा?
बदलते मौसमों का यह शहर
क्या पिघलते मौसमों का भी शहर रहा है?

जवाब सीधे नहीं हैं,
सीधे जवाब ग़लत हो जाएंगे
वैसे ही जैसे दिल्ली भी कई बार ग़लत हो चुकी है

उसका इतिहास ग़लत हो चुका है
उसके ख्वाब फिर ग़लतियां कर रहे हैं
यह भूलकर कि
फ़तह और शिकस्त के ज़ाहिराना सिरों के बीच भी
कितनी ही बूंदों ने लगातार टपककर जगह तलाशी है
इन जगहों का कोई तूर्यनाद नहीं हुआ
पर वे स्वप्नचित्र भी नहीं
सैकड़ों वर्षों से उन जगहों पर वक्त चला है
दिन ढले हैं
तकलीफ़ में भी नींद मौजूं रही है
और सुबहें कभी-कभी सादिक की तरह धुली-धुली भी लगी हैं।
उन्हीं जगहों पर इबादत हुई है, खुदा को कोसा भी गया है
होड़ में लोग दौड़े हैं, हताशा में मन बैठा भी है
फ़ख्र भी रहा है, कोफ़्त भी हुई है
शगल भी रहे हैं, बीमारी भी
फ़रामोशी भी हुई है, वफ़ादारी भी
बदलते इलाकों में भी यह सब बदस्तूर जारी रहा है
जैसे जन्म और मृत्यु
और उसके बीच कायदों से बंधती, उसे तोड़ती
कभी झूलती, कभी झुलाती
पूरी की पूरी ज़िंदगी।

दिल्ली को खोजना है तो ऐसी जगहों पर भी जाना होगा
शहर सिर्फ़ महामहिम नहीं, बहुत से मामूली लोग भी बसाते हैं
दिल्ली, शहर दर शहर, सिर्फ़ निगहबानों की नहीं
इंसानों की भी कहानी है।

:

[1]

सूरज कुंड को बने हज़ार बरस बीत गए
जब वह बना उस वक़्त भी बीत चुका था बहुत कुछ
और दूर हो गए थे मौर्य काल के पहले से चली आ रही बसाहटों के अवशेष।

यह अरावली के उत्तर की हवा थी
जिसे तोमर वंश ने अपने गुणगान के लिए रोक रखा था
यह पगड़ियों का ज़माना था
जिनके पास पगड़ियां थीं
उनके पास रास्ते थे
रास्तों पर तिलक, चंदन, पूजा और मंदिर की शोभा थी
लगान और लगाम से कसी हुई भीड़ थी
जो सूरज कुंड के पास बने सूर्य मंदिर में बहुत कुछ मांगा करती थी
वही सूर्य मंदिर जो अब नहीं है
धूल और मिट्‌टी, पत्थर और द्रव्य
कुछ बहे, कुछ रहे
जो उड़े उनके पास टोलियां थीं
जो पिसे उनके पास घोंसले थे
लाल कोट का पत्थर लाल था
पर चौहानों के आगे पीला पड़ गया
लड़ना व्यावहारिक था, इसलिए धर्म भी था
लाल और पीले टीके चलते रहे
पृथ्वीराज के किला राय पिथौरा में भी जीतना शुभ था
और शुभ ईश्वर था।
समुद्र नहीं था, जानने की ख़्वाहिश भी नहीं थी
ख़्वाहिशें पगड़ियों के रंगों में सिमटी थीं
और उनसे बाहर जो कुछ भी था
वह तुच्छ था, वह कर्मों का फल था।

वैसे बच्चे उस वक़्त भी कहानियां सुन कर सोते होंगे
कुछ बेचारे यूं भी सो जाया करते थे
उनका बचपन सच था कहानी नहीं
सुनने का शौक बड़ों को अधिक था
ख़ास तौर पर अपनी कहानियां
जिनका झूठ भी सत्य था
और सत्य हमेशा वीर था।

ऐसी कहानियां सुनाने वाले हर सदी में रहते और पनपते हैं
अरावली की हवा वाली उस दिल्ली में भी फूले फले चारण और भाट
—पृथ्वीराज की तलवार और ढाल
संयोगिता का रूप बेमिसाल
मुहम्मद गोरी का आतंक
या चंदबरदाई की प्रशस्ति
—इन सब का आप जो चाहे मतलब निकाल सकते हैं
लेकिन आपके सभी मतलब अधूरे ही रहेंगे
क्योंकि गोरी के गुलाम सुल्तान बने पर उनके भी गुलाम थे
कवातुल इस्लाम मस्जिद बनी पर उसके खम्भे मंदिरों के थे
कुतुब मीनार ने सर उठाया पर चन्द्रगुप्त का लौह स्तम्भ भी खड़ा रहा।
वे तुर्की के मुसलमान ही थे
चाहे कुतबुद्दीन ऐबक हो, या अल्तमश
या फिर गैर तुर्की गुलाम से प्यार करने वाली
और तुर्की चहलगानी से लड़ने वाली रज़िया हो
पर दिल्ली न हिन्दू थी न मुसलमान
वह उसी राजसी खेल के नए पैंतरे देखने वाली दिल्ली थी
जो इजलास में हंसी-मज़ाक की पाबंदगी पर हैरान भी होती थी और फिर
ख़ुदा की परछाईं बने बल्बन पर
पीछे-पीछे हंस भी लेती थी
जो नस्ली अभिजात्य के बड़बोलेपन से खौफ़जदा भी थी
और तुर्की अमीरज़ादों को सजदा और पैबोस में झुका देख
अपना डर थोड़ा कम भी कर लेती थी
जो मेवाती लुटेरों के डर से मुक्ति पा कर राहत की सांस भी भरती थी
और हलाकू के पोते के साथ आए हज़ारों मंगोलों के
शहर में बसने से आक्रांत भी हो जाती थी।

पगड़ियां बदलने लगी थीं
बांधने के तरीके भी
आदमी किसी और आदमी को देख रहा था
आदमी किसी और आदमी से लड़ रहा था
और आदमी किसी और आदमी से मिल भी रहा था

आदमी और कुछ और आदमी मिलकर बना रहे थे
मिले-जुले आदमी
यह भी एक ज़िंदगी थी
जो तमाम राजसी खेलों के समानांतर बड़ी तेजी से चल रही थी
और दिल्ली जी रही थी।

[2]

सीरी फ़ोर्ट ऑडिटोरियम में अंतर्राष्ट्रीय फ़िल्म समारोह चल रहा था
और वहीं बाहर की कार पार्किंग में एक स्विस महिला के साथ बलात्कार
भीड़ अंदर थी, बाहर सन्नाटा था
और वैसे भी दिल्ली की भीड़ ऐसे मौकों पर अलग ही पाई जाती है
वह जल्दी टोकती नहीं
वह चलती है, चलने देती है
उसे अचरज भी नहीं होता
जैसे उस दिन भी नहीं जब अलाउद्‌दीन खिलजी ने कुतुब छोड़
अपनी राजधानी सीरी को बनाया।
नई जगह थी, नए अमीर थे
तुर्की अमीरज़ादों की कमर तोड़ कर और बुलंद था शाही फ़रमान
विरोध मना था, षड्‌यंत्र पर नज़र थी
हौज़खास से जमातखाना मस्जिद तक फैला था शहर
इमारतों के गुम्बद अब और चौड़े थे
अमीर-उमरा के नस्ली आधार की तरह
लेकिन सीरी में दरख़्तों के बीच जगह कम थी
अमीरी का फैलना शक में डालता था
शायद इसलिए दिल्ली में दावतें खुशनसीब नहीं थीं।

दिल्ली को अभी बहुत कुछ देखना था
अभी तो साम्राज्यवाद का पहला डंका था
जो मलिक कफ़ूर के साथ दक्कन तक बजा
अब कुल का नहीं ताकत और लूट का अभिजात्य था
जिसके आगे जौहर में जल गए कुलीनता के ढोए तकाज़े

पता नहीं अलाउद्दीन ने किसी पद्मिनी को देखा भी या नहीं
पर रणथम्भोर और चित्तौड़ ने देख लिया इस नए तेवर की दिल्ली को
जिसकी इमारतों में मंगोल कारीगरों ने पहली बार
पद्म की कलियां बनाई थीं
और बनाए थे सच्चे मेहराब
बिना यह समझे कि उसके ऊपर बैठा था हुकूमत का एक ऐसा सच
जो लूटता था पर बांटता नहीं
जो हिस्सा मांगने पर मंगोलों का खून पानी की तरह बहा सकता था
और उस पानी को अपने हौज़-ए-ख़ास में इकट्ठा कर
दिल्ली वालों को पिला सकता था।

साम्राज्यवाद चाहे छुपा हो या बेबाक
मध्यकालीन हो या नवीन
उसकी जड़ों में कहीं न कहीं पोशीदा रहता है बाज़ार।
मानो दिल्ली से निकली सेनाओं के हुजूम में बैठे थे तीन जादूगर
—अलाउद्दीन के बनाए तीन बाज़ार
लगान को बढ़ाकर गल्ले की शक्ल दी गई
इस शक्ल को मुकद्दमों से बदलकर
दोआब के नए आमिलों की कठोर भंगिमा दी गई
और इस शक्ल को सीधी वसूली से पाला पोसा
एक ऐसा वयस्क शरीर दिया गया
जिसके आगे बच्चों की तरह मचलती क़ीमतों ने दम तोड़ दिया।

यह सामंतवादी साम्राज्यवाद की हुंकार थी
जहां घोड़े और गुलामों के दाम भी बंधे थे
और विदेशी कपड़ों का सलीका भी नियंत्रित था
जहां सैनिक और अमीर अभी वैसी पहाड़ी नदियां थे
जो घाट तोड़ नहीं पातीं
और जहां बरनी अमलदारी के अहाते में वजू के लिए हौज की तलाश में
गंगा जमुना को देख नहीं पाता था
लेकिन गंगा भी बह रही थी और जमुना भी
दोनों के पानी से अलग-अलग भी स्वर निकलते थे

और साथ-साथ भी
अमीर खुसरो की हिंदवी की तरह
जो कभी रबाब के हल्के तरंगों पर
ऐमन और सनम जैसी फ़ारसी रागदारियों के साथ
महफ़िलों की शमादानों को जलाती थी
तो कभी बिल्कुल अपनी सी बनकर
निज़ामुद्दीन औलिया और बख़्तियार काकी के इर्द-गिर्द फैले
तमाम जातियों और मज़हबों के हुजूम को
प्रेम का मधवा पिलाती थी।
पनघट की डगर अभी भी कठिन थी
और कई पहेलियां समझ में भी नहीं आती थीं
फिर भी मटकियां जमुना से भरी जा सकती थीं
रात में थक कर लौटने के लिए घर सलामत थे
जिनके अंदर ज़िहाले मिस्कीं मकुन तग़ाफुल की दिल्ली
नैना जुड़ाती थी और बतियां बनाती थी।

[3]

दिल्ली की धूप
हमेशा से तीखी
जैसे हर इच्छा, आकांक्षा, विश्वास या सनक के पीछे एक जीवंतता हो।
पहले दिल्ली की गर्मी में चिपचिपाहट नहीं थी
जो भी था वह ठोस ठोस था
जैसे तुग़लकाबाद को छोड़ बनाया गया मुहम्मद बिन तुग़लक का जहांपनाह
धूसर पत्थरों की क़िलानुमा इमारतों का सिलसिला
वही खुरदुरापन—इतना ज़्यादा
कि ढलान वाली दीवारों के बावजूद सुल्तानी दंभ फिसले नहीं।

इसका कोई तुक नहीं कि मुहम्मद तुगलक के जहांपनाह
की दीवारों के दक्षिण में आज आई.आई.टी. की इमारत है
अतीत की नीरसता और भविष्य की यांत्रिकी के बीच
एक सीधी रेखा खींचने पर लोग ऐतराज़ करेंगे

यंत्रचलित विश्व आगे भागता है पीछे नहीं
और गियासुद्दीन तुग़लक के मक़बरे को भले ही
दारूल अमन का नाम दे दिया गया हो
पर उससे उसके मौत की दुर्घटना शांत नहीं हो पाई।
मध्यकालीन दिल्ली थी
अफ़वाहों की गलियां थीं
आज की तरह ही बढ़ा-चढ़ा कर सच बताने की दलीलें
होड़ कम पर विश्वास अधिक
तब सतपुल के नीचे पानी ठहरा नहीं था
और निज़ामुद्दीन औलिया के 'अभी दिल्ली दूर है' के कथन की चर्चा
आक्रांत भी करती थी और रोमांचित भी
सूफ़ियाना कव्वालियों की मदमस्ती की तरह
वह एक अलग दुनिया थी
वह भी दिल्ली थी
वहां एक दूसरा जहांपनाह था
उसके मुरीद थे, उसके ग़रीब थे
जो ख़ुदा को रोज़ छूते थे, उसमें मिल जाते थे
मिलने की ख़ुशी में अमीर हो लेते थे
पर उसके बाद फिर से ग़रीब थे
अंधेरा था, फिर भी रोशन थी चिराग़ दिल्ली।

मालवीय नगर से कालकाजी जाने वाली सड़क पर
शाम के धुंधलके में चलने भर से
उस ज़माने की दिल्ली की परतें खुलती जाएंगी, ऐसा भी नहीं है।
परतें ही सीधी कहां होती हैं
और धूसर इमारतों का धुंधलके में मिल जाने का खतरा
तो हमेशा से ही रहा है।
मुहम्मद तुग़लक सूफ़ी नहीं था
पर उसके योगियों और जैनियों से मिलने पर
उसे यौक्तिक और तार्किक कह कर गालियां कइयों ने दीं
दिल्ली से हटा कर देवगिरि को अपनी राजधानी बनाकर
दौलताबाद नाम देना यदि राजनीति थी

तो दिल्ली के अफसरान, बड़े लोगों और ख़ुदा से मिलने वाले सूफ़ियों को
दिल्ली छोड़ उस अनदेखे दौलत की ओर
जबरन ले चलने पर मजबूर करने को
ज़ुल्म की शक़्ल दी गई।
बड़े लोग तब भी दिल्ली नहीं छोड़ना चाहते थे
पर विचारों का तिलिस्म बनाने वाले वे ही तब भी थे
शायद इसीलिए इतिहास में कैद नहीं है
दिल्लीवालों के लिए इतने सारे सूफ़ियों के जाने का अफ़सोस या
बड़े-बड़े लोगों से विमुक्त उनकी राहत भरी सांस।
सूफ़ियाना हवाएं दक्कन पहुंची या मुहम्मदी फ़तह कांगड़ा पहुंची
इससे उन्हें क्या
उनकी अनुभूतियों की चादर अभी भी उनकी अपनी थी
और वैसे भी दिल्लीवालों को दिल्ली से बाहर कुछ दिखा ही कब है!
होती रहे चांदी की कमी दुनिया में,
उनकी कल्पना की दिल्ली तो खुद चांदी थी
यह चांदी थोड़ी धूमिल हो सकती थी
बहुतेरे सूफ़ियों के जाने के मलाल से
या दौलताबाद से पानी की कमी के कारण लौटे अमीर-उमरा को लेकर
पर इसका रसूख मस्तिष्क की कई तहों तक फैला था
इसीलिए जहांपनाह के कांसे के सिक्के चल नहीं पाए।
कुछ बरस बाद भी जब मौत की प्लेग चल निकली
और तुग़लक बादशाह भी दिल्ली छोड़ स्वर्गद्वारी चल पड़े
तो भी दिल्ली बैठी नहीं,
मर कर ज़िंदा हुई उसी जहांपनाह में
और उसी वक्त जब दोआब में फ़सल सुधार का सुल्तानी प्रयोग
करों की क्रूर संरचना के कारण दम तोड़ रहा था।
ढांचा तो नहीं बदला
पर कभी-कभी शाम के उसी ढलान पर
बिना बामुलाहिज़ा होशियार
दिल्ली जीतती रही।

{4}

तुम मुझे फ़ीरोज़ी बना दो
दिल्ली की उस मध्यवर्गीय लड़की ने अपने पास बैठे लड़के से कहा
कोटला फ़ीरोज़शाह के स्लेटी खंडहरों के बीच
उस लड़के का उत्तर फंस सा गया
फिर इन दोनों की कहानी का कुछ नहीं हुआ
वैसे ही जैसे फ़ीरोज़ाबाद का भी कुछ न हो सका
मानो कुलीनों और उलेमा को मनाते-मनाते थक कर
फ़ीरोज़शाह शिकार पर निकल गया हो
शहर से दूर–ज़ोर बाग और करोल बाग में
वहीं जहां कुलीन बसते हैं और जहां कुलीन नहीं बसते हैं।

फ़ीरोज़ाबाद में ही कुलीनता वंशानुगत हुई
फ़ीरोज़ाबाद की औरतों को फ़कीरों की मज़ारों पर जाने की मनाही हुई
फ़ीरोज़ाबाद के सिपाहियों को तनख़्वाह नहीं, गांवों की लगान का हक़ मिला
और फ़ीरोज़ाबाद के घोड़ों को ताकत से नहीं, रिश्वत से तौला गया
पर हौज़खास से पीर ग़ैब तक फैले इस शहर में हवा फिर भी बहती रही
सिर्फ़ जमुना के किनारे से निकाली नहरों के पास ही नहीं
बल्कि खैराती अस्पतालों, मदरसों
और सरकारी दहेज से ब्याही विपन्न बेटियों के पास भी।
फिर चीज़ों के दाम कम थे,
इसलिए मुफ़लिसी भी पल ही गई।

वैसे देखा जाए तो इससे हवा को क्या फ़र्क पड़ता
कि फ़ीरोज़शाह ने उलेमा से डरकर
अपने महल की चित्रकारी ख़ुद खुरचवा दी
या कि फ़ीरोज़शाह के बनवाए इमारतों से
अधिक सराही गई बेगमपुरी और खिड़की मस्जिद जैसी
उसके वज़ीर खान-ए-जहान जूनां शाह की सात मस्जिदें
पर दिल्ली को हमेशा फ़र्क लगा है
खुशामदगी में उलझते धागों को दिल्ली

न कभी सुलझा पाई और न बांध ही पाई
वह बस फ़ीरोज़ की तरह कुतुब मीनार की मंज़िलें बढ़वाती रह गई।
जिस अशोक स्तम्भ को फ़ीरोज़ शाह ने
अम्बाले से लाकर कुश्क-ए-फ़ीरोज़ में लगाया
उसका रंग तो और भी स्याह था
एक लाख अस्सी हज़ार गुलामों को छूकर बहते बहते
हवा भी फ़ीरोज़ी न रही
और अंदर ही अंदर सीझते शहर की मौत तक शिकारगाहें भी पस्त हो चली थीं।

फ़ीरोज़ अपनी मुश्किलों के साथ हौज़खास में दफ़्न हुआ
कोटला फ़ीरोज़ शाह की आलीशान जामी मस्जिद में नमाज़ सशंकित सी रही
वही मस्जिद जिसके खंडहरों में बैठे जोड़ों की कहानी आज भी आगे नहीं
बढ़ पाती
दिल्ली उन्हें ठुकराती नहीं
पर बेसलीके ही सही उनकी उलझनों को किनारे कर
समय आते ही आगे निकल जाती है।

[5]

वह छोटी सी थी पर उसे भूलिएगा नहीं
—अठकोण और चौकोर मकबरों की दिल्ली को
सय्यद और लोदी सामंतों की दिल्ली को
तैमूर की रूह के ऊपर धड़कती उस दिल्ली को
जो शहर बनते-बनते रह गई।

मुबारक़ाबाद की गलियों की दबी-दबी पदचापों की तरह
ज़िंदगी फिर भी चलती है।
शिल्पकारों के बिना, कारीगरों के बिना भी
पेड़ फल-फूल लेते हैं
बेलें और पत्तियां बगीचे बना देती हैं
शाखों के बीच से तब भी झांका ही था दिल्ली का छोटा आकाश
अफ़गानी सल्तनत की चुनौतियों, अभिराधन, शमन और दमन के बीच

फिर भी झलकती ही रही वही पुरानी हिंदुस्तानी जहांदारी
ऐसी झलकों के सहारे ही पुख़्ता रही हैं शाखें
खरक, केंदु, अशोक और महुए की तमाम गंधों के साथ
जिनके बीच दिल्ली आज भी लोदी गार्डेन में टहलने जाती है।

[6]

पुराने किले में कम भीड़ रहती है
जिन्होंने पांडवों की तलाश वहां कर ली, उनके कदम भी चुक गए
जिन्होंने प्रगति के साथ मैदान जोड़ा वे दोनों को ही ढूंढ रहे होंगे
शायद अंततः वे अप्पूघर और चिड़ियाघर को खोज कर ख़ुशी भी ज़ाहिर
    कर दें
वैसे भी नाम में क्या रखा है
यहां हुमायूं का शहर था दीनपनाह जो अब नहीं है
जब था तब भी क्या वह दीन की पनाह था
या जहांपनाह की मुगलाई शान का एक मजमा
जिनके साथ अपने तख़्त के सहारे हुमायूं गणित और रहस्यवाद का खेल
    खेलता था।
वैसे भी उसके पत्थर सीरी के वही पुराने खिलजी पत्थर थे
जिनकी जड़ें कमज़ोर थीं
इतनी कि हुमायूं की पूरी शानो शौकत ढह गई
और जब वापस आई
तब तक शेर शाह तो न था,
पर उसके अपने पत्थर जम चुके थे
पुराने किले की दीवारों पर, किला-ए-कोहना मस्जिद की मेहराबों पर
और शेर मंडल की सीढ़ियों पर
—वही सीढ़ियां जिन पर चढ़ कर हुमायूं अपने पुस्तकालय में जाता था
और वही जिनसे नमाज़ के लिए उतरते हुए वह लुढ़क कर खुदा को प्यारा हुआ।
तालीम और खुदा के रिश्ते को बहुत गाढ़ा करना
उस वक्त भी ख़तरनाक था
दिल्लीवालों ने इस बात को ठहर ठहर कर समझा है
फिर भी थोड़ी कमी रह ही गई है,

शायद इसीलिए जमुना पुराने किले से दूर खिसक गई है।

[7]

वैसे आप लाख बिगाड़ लें पर दिल्ली की जो हवा है
वह इलाकों की चाल से ही बहेगी
और उसमें जो पुश्तैनी गंध है
वह उन बस्तियों से आज भी उठ लेगी
जिसे अगर आप आंख बंद कर महसूस करें
तो आप भी शायद उसे शाहजहांनाबाद ही कहें।

क्योंकि शाहजहांनाबाद सिर्फ़ शाहजहां का नहीं था
करीब अस्सी बरस बाद बनी राजधानी की शक्ल में एक रवायत थी
जो तख़्ते ताऊस की बुलंदी को
दीवाने खास के संगमरमरी बहिश्त को
बादशाही हमाम की ख़ुशबू को
या मीना बाज़ार की बेगमों की हंसी को
अपने हिसाब से कभी खुल कर
या कभी रहस्य भरी सरगोशी के साथ
लाल किले की छनछनाती उतार से छान कर
सड़क के बीचोंबीच
अंधेरे उजाले का खेल खेलती
झिलमिलाती हुई एक चांदनी चौक बनाती थी।
वह कुछ ख़ुशफ़हमियों का ज़माना था
सीताराम बाज़ार की बड़ी हवेलियों का ज़माना
जिसके दरीचे बाहर कम
अंदर के विशाल आंगन की ओर अधिक खुलते थे।
रसोई घर की थी, बातें बाहर की
—सरपरस्ती के साथ-साथ चुगलियों की चटनी
जब रसोई की गंध थम जाती थी
तो अपच बदगुमानी बन दरवाज़े से बाहर
गलियों की हवा खाने से बाज़ नहीं आती थी।

नीचे गलियां, कटरे और मुहल्ले
पेशेवर नाम, पेशेवर किस्से, कुछ पेशेवर फ़ख्र भी
जिनकी हदों से अलग
ज़हालत और जिल्लत की बू से
खुद ही मरती कुछ बस्तियां
जिनके पेशे ग़रीबी से भी बदतर थे।
ऊपर जामा मस्जिद की मीनारें
खुदपरस्ती की खुदाई उड़ान
हवाई उड़ान के नशे में मस्त भागते
गोले और काबुली कबूतर
उन्हें उड़ा कर और भिड़ा कर बादशाहत का भ्रम पालता
एक बहुत बड़ा वर्ग
जो नीचे देखना नहीं चाहता था,
जो नीचे देखने से डरता था।

यूं भी दिल्ली के इन इलाकों में ही मिलते हैं भिखमंगे और पागल
और उनसे हमेशा से एक अलग गंध आती रही है
जो न शाहजहां के फ़रमानों के आगे दबी
न ही जहांआरा की सवारी की कस्तूरी खुशबू के आगे
जिसे कहवाघरों की जमात तब न दबा पाई
जिसे वातानुकूलित गाड़ियों का हुजूम अब भी न कुचल सका
उनसे बचने के लिए ऊपर ही ऊपर उड़ता रहा शाहजहांनाबाद
चाहे दरबारी मिर्ज़े, सेठ, सौदागर, दुकानदार हों
या इल्म और हुनर के कलाकार
—कुछ बहुत ऊपर, कुछ थोड़ा ऊपर
लेकिन सभी ऊपर, बेशक ऊपर।

परवाज़ों की ये कहानियां आज तक गाहे बगाहे सुनाई पड़ती हैं
दिल्ली के इन इलाकों में।
जिनके नसीब में आगे ज़मीनी हकीकतों का सिलसिला हो
वे ऐसी कहानियों को बड़े प्यार से पालपोस कर बड़ा करते हैं
साथ में हाय-हाय भी लगी रहती है

गिरने की हाय,
गिरकर न उठ पाने का अफ़सोस
अंदर के खोखलेपन को न मान कर इधर-उधर की वजहें तलाशने की उत्कंठा
औरंगजेब की कट्टरता के बढ़े-चढ़े किस्से
रोशनआरा की उच्छृंखलता के कारनामे
फरूखसियर के दोगलेपन के चर्चे
बरहा भाइयों की नमकहरामी पर लानत
लालकुंअर की ख़ूबसूरत चालबाज़ियों पर तौबा
या अदारंग और सदारंग के खयालों में डूबे
मुहम्मद शाह रंगीले की शराबों पर लाहौल।

दिल्ली बतकहियों का शहर बन गया
चांदनी चौक के बीचोबीच बहता पानी गंदलाता गया
पानी के कीटाणु तो दिल्ली की तीखी चाट ने मार डाले
पर नादिरशाही जुल्म का खून ऐसा जमा
कि झिलमिलाती चांदनी लाल नज़र आने लगी
उस दिन से लाल किले के पत्थर कुछ स्याह नज़र आने लगे
जाटों, मराठों और रोहिलों के घुड़सवारों के बीच
बादशाही नज़र पथरा गई
शाह आलम की इन्हीं आंखों को फोड़ा था रोहिलों ने
तहज़ीब के पास घोड़े नहीं थे
हिनहिनाते कैसे?
अंगरखों में सिकुड़ कर बैठ गया दिल्लीपन
ज़ीनतुल मस्जिद में
शहरे आशोब लिखा नहीं गया, महसूस किया गया
दीवान-ए-खास की शमां आखिरी शमां थी
इसकी रोशनी में चमकने के लिए न कोहेनूर था न रत्नों की पेटियां
रोशनी ग़ालिब, जौक और मोमिन से होकर
अंततः बहादुरशाह ज़फ़र पर ठहर कर थरथरा जाती थी
मानो बल्लीमारान की गलियों से निकलकर
हज़ारों ख्वाहिशें लाल किले की सिमटी बारादरियों में दम तोड़ रही हों
मानो मौत के साथ चलने का इंतज़ार हो

फिर भी बादशाहत के पास होने की खुशी ऐसी
कि पास कोई दूसरा तो नहीं।

किले की दीवारें बेनूर सही
अभी भी दीवारें तो थीं
शहर उस पार था
जिससे अभी भी कुछ दूर थीं इस पार की शामें
और जिनके सहारे सारा दिन महफ़ूज़ियत के कुछ भ्रम
उस पार भी फैलाए जा सकते थे
दरियागंज की उन हवेलियों के बीच भी जहां फ़िरंगी रहने लगे थे
जहां आक्टरलोनी को लूनी अख़्तर कह कर दिल्लीपन की इंतहा मानी जा सकती थी
जहां विलियम फ्रेज़र के हरम को अपनी तहज़ीब की अगली कड़ी समझा जा सकता था
जहां गदर के सिपाहियों को सामंती तहज़ीब के पैमाने से
कुछ लुच्चे उत्पातियों की शक्ल दी जा सकती थी
जहां सब्ज़ी मंडी की आर पार की लड़ाई से
जितना खून खौला, जितना ख़ून बहा
उतना ही पतला भी रहा
जिस दिन खूनी दरवाज़े पर मुगलिया सल्तनत के ख़ून का आख़िरी क़तरा गिरा
उस दिन भी दिल्ली शांत ही रही
कोतवाली के पास फांसियों की क़तार के बीच भी कोई हलचल नहीं हुई
घंटेवालान की मिठाइयां बनती रहीं
निहारी के कबाब बिकते रहे
परिंदे उड़ते रहे
तमाम प्यार, मुहब्बत, फ़ख्र और तकरीर के बावजूद
दिल्लीपन अंततः एक शब्द साबित हुआ
अधिक से अधिक एक जुमला
जो तमाम पुरानी गंधों के बीच
आंखें खोलकर देखने पर
आपके चारों तरफ़ इस तरह उछलेगा
जैसे भीड़ भरे बाज़ार की होड़ में ललचाता एक ब्रांड नेम।

[8]

दिल्ली के अनवरत रेंगते ट्रैफ़िक में
जब कॉकटेल्स की छलकती रंगीनियां सूखने लगती हैं
और हयात या शांगरीला से निकले
कार्पोरेट मल्टीनेशनल धनाढ्यों की भाषा को हिचकियां आने लगती हैं
उस वक्त रेडियो मिर्ची या एफ.एम. से जो 'हिंगलिश' का
लटकेदार प्रलाप होता है
वह उतना बेमानी भी नहीं जितना आप समझते हैं
वह नव साम्राज्यवाद का आलाप है
जहां अर्थहीनता का ही अर्थ है
आप झुंझलाएं नहीं, व्यवस्था को गाली न दें
आप एक खिलखिलाती नवयौवना से हॉलीडे पैकेज,
आइटम गर्ल्स, हॉलीवुड की चमक और
बॉलीवुड के सितारों की बातें सुनकर समय का सदुपयोग करें
और खुश हो लें कि आप भी ग्लोबल हो गए हैं।

भाषा की अपनी सत्ता होती है
हमेशा से रही है
उस वक्त भी थी जब माल रोड पर टहलते सिविल लाइन्स के
अंग्रेज़ों को देख-देख
दिल्लीवालों ने मुगलिया यादें छोड़ अंग्रेज़ी सीखना शुरू किया।
कश्मीरी गेट पर, 1857 के मैगज़ीन विस्फोट के स्थल के
बिल्कुल पास शुरू हुए सेंट स्टीफ़ेंस और हिंदू कॉलेज
और 1857 की दहशत को मन में लिए
उत्तर की ओर दूर-दूर फैलता गया
एक प्रजातीय अलगाव
सिविल लाइन्स के बंगलों की शक्ल में
जहां हेलीबरी से निकले
नए ब्रिटिश राज्य की इंडियन सिविल सर्विस ने
स्टील फ्रेम की तरह एक नई दिल्ली बसाई।
स्टील फ्रेम में जकड़ी दिल्ली कांपती रही

मिर्ज़ा गालिब अपनी पेंशन के लिए भटकते रहे
सूरज चमकता रहा
चांद टटोलता रहा रास्ते
मेडेन्स की दूधिया दीवारों के बीच, लुडलो कासल के पोर्च के दरमियान
जिसके अंदर के ठंडे बरामदों पर
जिन और टॉनिक के बीच
ईश्वर सम्राट को बचाता रहा।

दिल्ली में अब नौबतखाना नहीं था, भीड़-भाड़ की वह चटख रंगत भी नहीं
पहलूनशीं होने का वह ज़माना भी गया
चहलकदमी के नए अंदाज़ थे
नसीमे सहर विलायत से चली थी,
गुनगुनी शाम कश्मीरी गेट में होती थी
और चांदनी चौक उसे नीमनिगाही से देखता था।

कनखियों के इस खेल से दिल्ली बहुत मुफ़ीद हो कर निकली
बंगाल की गर्म हवाओं की तुलना में
ठंडे-ठंडे लगे यहां के बंगले
राजधानी दिल्ली को फिर बनना ही था
साम्राज्यवाद बहुत जटिल था
और उतना ही ठोस
रस्मी दिल्ली से बहुत अलग
कागज़ों की सभ्यता के आगे दम तोड़ते आचार और व्यवहार के अदब
कचहरियों की नई ज़मात
कारकूनों की नई कतारें
ज़मीन और मिल्कियत की नई हकीक़त
जिसके आगे बदतमीज़ लगते थे उर्दू के अफ़साने
और सुरों से भटकता था गज़लों का रियाज़।

महफ़िलों का नहीं कैम्पों का ज़माना था वह
कैम्प भी शहर बन सकते थे
जैसे जॉर्ज की दरबार का किंग्सवे कैम्प

जिसकी शान के आगे झुके-झुके थे हमारे सैकड़ों हुक्मबरदार
वफ़ादारी से गलगलाए,
नज़रानों की बौछार में लिजलिजे
कुछ और तोप दगवाने की इनायत से गद्‌गद।

यह बंगाल नहीं, दिल्ली थी
यहां कोई स्वदेशी आंदोलन नहीं था
यहां कालीबाड़ी के आगे शपथ लेते नौजवान नहीं थे
और अभी भी मजलिसे रक्सो सरोद की यादों के मातमी बादल तो थे
पर बारिश नहीं थी।
इसलिए दिल्ली को फिर से राजधानी बनाना
लाट साहबों के लिए तो महफ़ूज़ था
पर दिल्ली अचकचा गई।

अचकचा कर उठने वालों के दिल अक्सर धड़कते हैं
दिल्ली भी धड़की
जब हार्डिंज पर सरे बाज़ार बम फेंका गया
पर अपने बाज़ारों में सड़क के दोनों तरफ़ चलना
दिल्ली वालों ने कभी नहीं छोड़ा है
लाला हरदयाल का गदर आन्दोलन बहुत दूर था
और अब तो बाज़ार बढ़ रहे थे
उपनिवेशवाद तिजोरियों में नहीं
पूरी दुनिया की तिजारतों, बैंकों और पूंजी के साथ
नए-नए रूप धर कर आ रहा था
जिन्हें संभालते संभालते चांदनी चौक का चेहरा भी बदलने लगा था।

दिल्ली एक बार फिर कई चेहरों के साथ थी
प्रथम विश्व युद्ध की मार से कराहते चेहरे एक ओर
तो रायसीना की पहाड़ी की तरफ़ फैलती नई राजधानी की ओर
उत्सुकता से लगी ठेकेदारी की कल्पनाएं दूसरी तरफ़
नई दिल्ली बनी तो ऐसी बनी जैसे
सूरज कभी ढलेगा ही नहीं

वह सिर्फ़ लुटएंस और बेकर का वास्तुशास्त्र लेकर नहीं आईं
वह भव्यता का सदियों पुराना शास्त्र लेकर आई
जहां नए वाइसराय निवास की किलेनुमा दीवारों से लेकर
विशालकाय बंगलों तक के सिलसिलों में कुछ भी सूफ़ियाना न था
अब ढेर सारे बल्बन थे, कितने ही अलाउद्दीन
और मुंह में चुरूट दबाए, एड़ियां खटखटाते
ऊंचे खंभों वाले कनाट प्लेस में
पृथ्वी की तरह गोल-गोल घूमते
ताजमहल को भी बर्तानिया ले जाने के सपने देखते
कई-कई शाहजहां।

औपनिवेशिक रोमांस में भी औरतें आ सकती हैं
जैसे माउंटबैटन का एडविना को दिल्ली में प्रपोज़ करना
पर वह पुराने वाइसराय निवास की बातें थीं
जहां अब विश्वविद्यालय था
इसलिए वे बातें भी शायद किताबी थीं
उपनिवेशों में प्रेम हमेशा उपयोगी होना चाहिए
मुनाफ़े के लिए ऊपर के होठ को कड़ा रखना चाहिए
साम्राज्यवाद पूर्णतः मर्द होता है
और दिल्ली के हुनर बाज़ार नहीं, बूढ़ी तवायफ़ों के कोठे थे।

वैसे मुनाफ़े का हमेशा से कुछ हिस्सा दिल्लीवालों के हाथ भी लगता ही रहा है
अबकी बार ठेकों से उपजी नई रईसी थी
जिसके खुले बंगलों को विदेशी शिष्टाचार की बयार संभ्रांत बनाती थी
यहां बंद कमरे न थे
लेकिन जहां थे वहां कानाफूसी से शुरू होकर बातें बढ़ने लगी थीं
और बढ़ते-बढ़ते चौराहों तक भी आने लगी थीं
विदेश ने देश को पहचान दी थी,
और इस पहचान में जो प्रेम उमड़ा था
वह सूखे सख़्त होठों से नहीं
तरल और ऊष्म आवाज़ों से ओत-प्रोत था।
अभ्यावेदनों की दुनिया से हटकर दिल्ली खिलाफ़त के नए शब्द सीख रही थी

असहयोग, बहिष्कार, सत्याग्रह और सविनय अविज्ञा
लोगों को संगठित करने के नए तरीके
अपने और पराये के भिन्न प्रतीक
मानों विशिष्ट और साधारण के बीच की गहराई को
पाटने के लिए बनाए जा रहे हों कई-कई पुल
और बताया जा रहा हो लगातार
कि इन्हें पार करके ही पाओगे तुम श्वेत, शुभ्र लिबास
धारण किए हुए उस गरिमामय औरत की गोद
जो तुम्हारी मां है।
उल्लास के बार-बार उठते कई हुजूम थे
सड़कों पर सुबह दोपहर शाम सभी उजले-उजले थे
गांधी टोपियों और खादी के कुर्तों और साड़ियों की तरह
जो उमंग की हवाओं से फड़फड़ाते हुए
बार-बार यह भूल जाते थे कि सेंट्रल असेम्बली के बम के पीछे
उजले कपड़ों की नहीं बिना कपड़ों के मज़दूरों की भी बातें थीं
और कि दिल्ली में बिना दरारों के पुल और बिना गड्ढों
की सड़क कभी नहीं बन पाए हैं।

इसलिए जब आज़ादी आई
तो वह किसी करिश्माई गुब्बारे के मानिंद न थी जो खुले आकाश में उड़ा
ले जाता
वह कोई व्यक्ति भी नहीं जो सिर्फ़ अपने नाम से पहचान लिया जाता
आज़ाद मुल्क की राजधानी की पहली सुबह को
जिन अहसासों के साथ आना चाहिए था वैसा हुआ नहीं
कुछ तो आदमी हमेशा से ख़ुद अपना दुश्मन रहा ही है
कुछ विभेदों के पूरी तरह मिटने की आशा भी संशकित सी थी
और ख़ुशी के उस दिन भी कुछ काले बादल छाए ही रहे।
एक बहुत बड़ा हिस्सा जो अपना था वह अपना न रहा
रोटियां टुकडों में बंट गईं
दस्तरखान सिमट गए
बरसात की उस टूटी-टूटी धूप में
कितनों से इलाके ही नहीं, पूरी की पूरी दिल्ली छूट गई

मिट्टी की गंध तो ले गए, पर मिट्टी धरी रह गई।

दिल्ली फिर से सवालों का शहर था
दंगाइयों का खून भी अगर दिल्ली के उन्हीं गली कूचों
से निकला था
तो वह कत्ल हुए बाशिंदों से अधिक मजहबी कैसे हो गया?
पाकिस्तान के इबादतखाने क्या दिल्ली की जामा मस्जिद से अधिक पुख्ता थे?
लाहौर में कबूतर दिल्ली से ज़्यादा करतबी कब से हो गए?
महात्मा गांधी हे राम बोलकर क्यों मरे?
वह कौन सा हिंदू था जिसने उन्हें मार डाला?
क्या शरणार्थियों के कैम्पों की जिल्लत और रंज से ही दिल्ली
कुछ कट्टर हो चली है?
क्या अंग्रेज़ सचमुच चले गए?
तो फिर नई दिल्ली के उन बंगलों और क्लबों में
हमें घुसने क्यों नहीं दिया जाता?

ऐसे कई सवाल थे जिनसे दिल्ली आक्रांत रही है
कई अभ्युक्तियां भी कहीं न कहीं अब सवाल ही थीं
जैसे लाल किले पर तिरंगा साल दर साल फ़हराता रहा
करोल बाग, पटेल नगर और पंजाबी बाग की बड़ी-बड़ी कोठियों में
शरणार्थियों ने
एक अनूठे जीवट का अध्याय भी लिखा
कॉफ़ी हाउस में नए फ़लसफ़े ओर नई कहानियों के बीच
ढेर सारी सुलगाई सिगरेटों को अधभरे प्यालों में मसल कर बुझाया गया
कॉलेज़ों में दुनिया को बदलने की हवा भी चली
नेहरू का शांतिवन विचारधारा का विश्वविद्यालय बन खलबलाता रहा
राष्ट्रीयकरण के सपनीले दौर में नार्थ ब्लाक और साउथ ब्लाक भी खींचते रहे
अदब का एक बहुत बड़ा संसार बायें चला
फिर दिल्ली के बढ़ते यातायात के दबाव में धीरे-धीरे
यातायात के नियम तोड़ता गया
तुर्कमान गेट की बस्ती आपातकाल के दौरान तोड़ी गई
पालिका बाज़ार वहीं बना जहां पहले कॉफ़ी हाउस था

एशियन गेम्स के समय दिल्ली में रंगीन टी.वी. का आना बड़ी बात बन गई
सिख दंगों के दौरान कनाट प्लेस और करोलबाग में भी सन्नाटा छाया रहा
इससे भी बड़ा सन्नाटा पूरी दिल्ली की सड़कों पर तब छाया जब
हर हफ़्ते रामायण सीरियल दिखाया गया
दिल्ली में जगराते भी इसी दौरान बड़ी तेज़ी से बढ़े
दिल्ली भी उतनी ही तेज़ी से बढ़ी है
पटपड़गंज में जहां 1803 में लार्ड लेक ने मराठों को हराया था
वहां मराठे नहीं बिहारी अधिक रहते हैं
दिल्ली के मिस्त्री, रिक्शेवाले, चौकीदार अब सब के सब पुरबिया हैं
दिल्ली में फूलवालों की सैर अब भी बख़्तियार काज़ी की दरगाह से
    जोगमाया मंदिर जाती है
पर उससे अधिक भीड़ छठ के समय घाटों पर
और दशहरा के दौरान रामलीला मैदान में रहती है।

दिल्ली में उमस बहुत बढ़ गई है
बहुत सारे लोगों ने अब शीशे चढ़ा रखे हैं
अंदर पूंजी का सामंतवाद बहता है
जो दिमाग़ को ठंडा रखता है
और जिसे गर्मी महसूस होने पर
ख़रीदा और बेचा जा सकता है
डी.एल.एफ. के बड़े-बड़े शॉपिंग माल्स में
बड़े-बड़े मल्टीनेशनल पे पैकेजों के सहारे
बार्बी डॉल्स की तरह
जिनकी गुड़ियों सी शादी नहीं होती
और जो विचारशून्यता की अंतर्राष्ट्रीय ख़ुशी में
माचो मर्दों से लिपट-लिपट कर क्रेज़ी किया करती हैं।

सुनते हैं कि दिल्ली अब एक फैलता हुआ शहर नहीं दुनिया है
वैसे ही जैसे भारत अब देश नहीं, विश्व हो रहा है
दिल्ली में रहने वाले भी अब विश्व देख रहे हैं
विदेशी कंपनी वाले, यू.एन.डी.पी. और यहां तक कि भारतीय नौकरशाह भी
उन्हें बता रहे हैं

कि अट्टालिकाओं में जो वैश्वी सोना इकट्ठा हो रहा है
उसका द्रव्य रिस-रिस कर नीचे ही गिरेगा
और यह दिल्ली पर है कि वह सवालों की कैद से बाहर आकर
उसे कितनी तेज़ी से अपनी हथेलियों में लपक लेती है।

इसी रेलमपेल में भाग रही है दिल्ली
सांसें फुलाते हुए, आसमान की ओर देखती
हवाओं से दुनिया खींचकर मुट्ठियों में बंद करने को व्याकुल
लेकिन गाड़ियों की बेतहाशा बढ़ती क़तारों के इस वक़्त में
जब सड़क पार करना मुश्किल ही नहीं नामुमकिन सा हो
हर शाम हज़ारों चलने वालों के लिए
दिल्ली फिर एक शहर हो जाती है
पसीने से लस्त ऐसे लोगों का शहर
जिन्हें थोड़ी देर के लिए रात का सन्नाटा चाहिए,
थोड़ी नींद चाहिए
और छोटे-छोटे सपने चाहिए
जिसमें विश्व नहीं,
उनकी ही कदकाठी की
उनकी ही ज़ुबान बोलती
सीधी-सादी, सच्ची आंखों वाली शरीके हाल सी दिल्ली हो।

[2007]

सूखा

सूखा एक परम्परा है
सूखा कभी लावारिस नहीं होता
सूखे को गेंद की तरह उछलते देखो
जो उसे लपकेगा उसका मन तालाब हो जाएगा।
वह नियति की बातें नहीं करेगा
वह लबालब भरी अनिवार्यता से छलकेगा
यह कालचक्र नहीं वक्तव्य है
मेरे इलाके के आदमी अधिक सूखे हैं
तुम्हारे इलाके में जानवर कम भूखे हैं
हम तुमसे अधिक ऊंचा बोल सकते हैं
इसलिए हम तुमसे ऊंचे हैं।

सूखा एक करिश्मा है
वह लहलहाती फसलों के बीच भी प्रकट होता है
वैसे भी फसलें कटती हैं
मिट्टी तो मिट्टी ही रहेगी
और कुछ इलाकों की मिट्टी ने बड़े-बड़े लोग पैदा किए हैं
ऐसे इलाकों की धरती प्रतिदान मांगती है
दूसरे इलाकों में मिट्टी बलिदान मांगती है
और दोनों ही मिल जाता है—
यह करिश्मा नहीं तो और क्या है?

सूखा इल्म भी है
यह तालीम सूखे की संहिता से नहीं मिलती

वैसे भी संहिता वर्षों पुरानी है
अंग्रेज़ों की बनाई है
अब तो देशप्रेमियों की सरकार है
सूखा भी स्वतंत्र है
जहां देशप्रेमी चाहें वहीं आ जाता है
उनके साथ मिल बांट कर रहता है
परिसम्पत्तियों की पंजी बनवाता है
थोड़ी सम्पत्ति को पंजियों की नियमावली से स्वतंत्र भी रखता है
सूखे की तालीम आसान नहीं
इसका अपना रहस्यवाद है।

सूखा एक घोषणा भी है
अपनी ज़मीन खोदने की घोषणा
यहां राहत अनुभूति नहीं, प्रक्रिया है
तुम भी खोदो, तुम्हारी पत्नी भी लग ले
जितनी खोदते जाओगे उतना मिलेगा अनाज
शायद पुरखों की सूखी हड्डियों के टुकड़े भी मिल जाएं
शायद अपनी सभ्यता भी पहचान लो तुम
इसलिए गहरा खोदो, पर उसे नापो नहीं
जितना पानी तुम रोकोगे उतने ही पानी पर तैर लेंगी ये हड्डियां
वीभत्स से डरना छोड़ो
तैरती हड्डियों को बटोर कर गेंद की तरह उछाल दो
जिस दिन उन्हें उछाल कर लपक लोगे
उस दिन तुम्हें भी अपना हिस्सा मिल जाएगा।

[2002]

दोपहर

वह अधेड़ औरत
अपने बरामदे की खाट पर बैठ कर
अपनी नौकरानी से पूरी दोपहर
हल्के-हल्के न जाने क्या बातें करती थी।

नौकरानी भी अधेड़ थी
और मैं बहुत छोटा था उस वक़्त
दोपहर मुझे बहुत बड़ी लगती थी
मैं सिर्फ़ देख सकता था
खेल नहीं सकता था
क्योंकि सामने के घर की उस औरत के बच्चे नहीं थे।

वह औरत बिना हाथों को हिलाए बोलती थी
उसके बदन पर न कोई धागा था न ताबीज़
उसके हिलते होठों के साथ समय चलता था
बोलते हुए भी उसकी पेशानी साफ़ रहती थी, पीठ सीधी
उसकी आंखों में पानी नहीं था
वह मुस्कुराती भी नहीं थी
शायद उसका कोई नहीं था
पर वह इतनी पूरी थी
कि मुझे लगता जैसे पूरी दोपहर उसी की हो।

नौकरानी बोलती कम, सुनती अधिक थी
उसके हाथ कभी-कभी कुछ प्रकट भी करने लगते थे

पर उस औरत का चेहरा कभी नहीं थरथराता था
बोल उलझते नहीं थे, उसका घर कभी कांपता नहीं था
मेरे घर और उसके घर के दरमियान
न कोई अहाता था न कोई बगीचा
सिर्फ़ एक कच्ची सी गली थी
पर देखते-देखते मुझे हमेशा लगता
जैसे मेरे पहचाने पड़ोस से अलग
वह कोई बड़ी चीज़ हो
जिसके आगे ठहरी दोपहर में
मेरी उम्र भी रुक गई हो।

पड़ोसियों को मैंने उसके बारे में कभी-कभी बोलते हुए सुना था
वे उसकी अधेड़ नौकरानी से भी खोद-खोद कर
कुछ पूछा करते थे
पर मैं कुछ खास समझता नहीं था
वैसे भी पड़ोसियों की बातें मैं शाम को सुना करता था
और उस औरत को मैंने शाम में कभी नहीं देखा
मैं सिर्फ़ कल्पना करता था, वह भी यदा कदा
कि उस औरत के घर में पुरानी अलमारियों में
ढेर सारी किताबें होंगी
जिन्हें वह शाम में उलटती पलटती होगी
ऐसी कल्पनाएं मैं उस वक़्त किसी और के लिए नहीं करता था
मैं बहुत छोटा था
और वह औरत मुझे बहुत विशिष्ट लगती थी।

यह वर्षों पुरानी बात है
और यूं सोचें तो इसका कुछ मतलब भी नहीं है
पता नहीं वह औरत अब होगी भी या नहीं
वह घर और वह गली भी पता नहीं किस हाल में हों
पर आज भी जब दोपहर मुझे अधिक ठहरी लगती है
तो वह अधेड़ औरत याद आती है
और मुझे लगता है

जैसे अपनी खुश्क आंखों के बावजूद
मैं उसे वैसा ही देख रहा हूं।

[2007]

पर्दे

मैं कई बार यह सोचता हूं
कि जब एक औरत किसी दुकान से हरे पर्दे ख़रीदती है, दूसरी नीले और
तीसरी फीके
तो इस अंतर के पीछे
माहौल, पड़ोस, संस्कार, हालात और लालसा के परिमाणों का अनुपात क्या है!
मैं किसी एक को पकड़ कर औरत का समाजशास्त्र नहीं लिख पाता
और इसे 'बुर्जुआ कनफ्यूजन' मानने के लिए भी तैयार नहीं हूं
छायाओं और प्रतिछायाओं को झूठ करार देना गलत है
सच अकेला नहीं होता
वह गहरी परछाइयों, रंगीन प्रतिबिम्बों
और कितनी सारी हवाओं को साथ लेकर चलता है
और ये सभी हर जगह उलझे फंसे गुत्थमगुत्था होते हैं
चाहे पर्दे की दुकान के काउंटर पर बिखरे ढेर में हों
या सड़कों पर दौड़ती, भागती, झगड़ती या सिर्फ़ खड़ी औरतों की भीड़ में।

मैं यह भी सोचता हूं
कि यदि मैं अनुपात निकाल भी दूं तो वह कितना स्थायी होगा
क्या उसकी एकनिष्ठता गलत नहीं होगी?
ठीक-ठीक क्या समेट पाऊंगा किसी औरत का टूटना, फिर जुड़ना
किस हद तक जुड़ना, कितना बदल कर जुड़ सकना
उत्कंठाओं और चाहतों के बदलते रंगढंग
स्थितियों के मोड़, संस्कारों की चढ़ाई या हालात के उतार?
क्या इतनी दूरी से पहचान लूंगा दुकान के अंदर के लपकते, झिझकते सभी
हाथों को

या उनके बीच लपलपाते, पसरते रंगों की हर झलक को?

और यदि शामिल हो जाऊं, तो अपने लिखे समाजशास्त्र को कितना
वस्तुनिष्ठ रख पाऊंगा?
मैं सोचता हूं, यदि चुनना हो तो किसे चुनूंगा
और अगर शामिल होने को चुनता हूं
तो क्या सिर्फ़ इसलिए कि जानने की कोशिश के बाद लिखा गया सिद्धांत
तमाम आग्रहों और सापेक्षता के बावजूद सत्य के अधिक करीब मानता हूं,
या इसलिए भी कि मेरे विचार भी पूरी तरह निःस्वार्थ और शुद्ध नहीं हैं
और मुझे भी रंग दिलकश लगते हैं?

अंततोगत्वा यह भी लगता ही है कि जानने की कोशिश में कहीं रंगों से
मन तो न भर जाएगा
एक भूमिका के शोषित को दूसरे परिदृश्य में शोषक के रूप में देख कर कैसा
लगेगा?
भावनाओं के इस स्थानांतरण के बीच सच की कितनी ही रेखाएं एक दूसरे
ही को काटेंगी,
और इतनी सानुपातिकता कितनी बार बदलेगी!
पर्दों से दीवारें नहीं ढंक पाती, यह भी मानना ही होगा
खिड़कियों और दीवारों पर ठुकी कीलों को भी गिनना ही होगा
टूटे टुकड़ों, बुहारे गए बुरादे और कतरनों को भी शामिल करना होगा
अपनी जानकारी में
लहराते पर्दों का यह भी एक रूप है।

[2001]

मियां ही जानें

मियां फख़रुद्दीन अब भी नज़र आते हैं चौक में
मियां फख़रुद्दीन की लम्बी शेरवानी अब भी हिल लेती है
चाट दो पैसे में नहीं आती है—
मियां इस रंज को उगल-उगल कर भी शौक़ से निगलते हैं
मियां की आवाज़ दाएं-बाएं निकलती है,
पर तंग रास्ते नहीं खोल पाती
मियां की बुझती-जलती दमक-तमक,
उखड़ती हवेलियां, बदरंग दीवारें
रूमी दरवाज़े की भीड़
सियेरा और ज़ेन में ख़ुदागवाही की नई मिसालें—
सब साथ साथ का उलटफेर,
मियां की बातें मियां ही जानें।

बारादरी में कनकव्वे नहीं रहे
पर उड़ानेवालों की टुकड़ियां आज भी हैं
सूखे टुकड़ों को लुभाती लबरेज़ मलाई में भिंगोती अदाएं नई हैं या पुरानी—
सोचना चाहें तो मियां सोचते रहें।
वैसे टुकड़े पुराने वाले नहीं रहे,
इन पर गर्द नज़र नहीं आती
गर्द तो मियां फख़रुद्दीन की शेरवानी से झड़ती है
गोकि मियां अकेले रह गए
या किसी टोली में शामिल न हुए
टोलियों को पहचान न पाए
या शायद पहचान कर भी शेरवानी के रंग से मिला न पाए

मियां का रंग मेहराबी है
मियां का हाल मियां ही जानें।

वैसे मियां फख़रुद्दीन आह नहीं भरते
हालांकि परिंदो की लड़ाई बंद हुए अरसा हो गया
मियां को बहस की भी आदत नहीं
वरना दरिंदों की लड़ाई तो बदस्तूर जारी ही है
मियां ने टी.व्ही. के सामने एक भी शाम नहीं गुज़ारी
परिचर्चा और विश्लेषण को समधिनों की गाली-गलौच ही समझा
मियां नए नमाज़ियों से ख़ुश नहीं रहते—नए नमाज़ी दीवाली पर किमारबाज़ी
नहीं खेलते
पर दूल्हे का सिंगार मियां आज भी शौक़ से परखते हैं
इत्र के फ़ाहे को लगाने के तरीक़े पर तकरीर भी दे डालते हैं
इत्र नए कपड़ों पर भी अटक सकता है
अगर करीने से लगाया जाए—
तमाशबीनों के साथ बारात की हंसी,
मियां का सलीका मियां ही जानें।

यों मियां आज भी यहां-वहां खा आते हैं
कायस्थ घरों से आती गोश्त की ख़ूशबू से तर हो लेते हैं
मियां जायकों पर तैरते हैं, सड़कों पर भाग नहीं पाते
मियां को पचता कम है, सड़कों को तो बिल्कुल ही नहीं
गरिष्ठ सड़कें, भारी मुहल्ले
सिकुड़ते ख़जाने के नए तहख़ाने,
और मियां उसी पुराने हल्के अंदाज़ में चौक की चाट के पत्तल को नई
नवेली गाड़ियों के सामने फेंकते हैं।
साहिबे माल का गुस्सा-कभी लाल, कभी पीला
मियां का लखनवी अदा से हाथ झाड़ पर चल देना भी पचता नहीं है
सड़कों की हाय-हाय धूप जैसी तेज़,
मियां की 'ऐ है' मियां ही जानें।

मियां अक्सर बाहर मिलते हैं
मियां का ठौर बेफ़िक्र है

यों साजगरी के नए फ़तवे हैं,
शहर के ठिकानों के पीछे आदेशों की पक्की होती गायकी है
पर मियां के तो दादरे ही झूमे हैं।
मियां दानिशमंद नहीं
मियां तो बाजीगर हैं
मियां को यासीन[1] सुनाने बैठे हैं नमीम
मियां पर आज किसी की नवाज़िश नहीं
पर मियां फख़रुद्दीन आज भी चार सुना दो गप्पें बचा लेते हैं, कल के लुत्फ़
  की खातिर
मुन्कर और नकीर[2] इंतज़ार करते हैं तो करते रहें
मियां के पास तान नहीं, मियां के घर में पासबान नहीं,
मियां की मजाल मियां ही जानें।

मियां ने दो-चार शेर कहे
थोड़े नासिख लगे, कुछ मीर लगे
मियां के गुट का पता नहीं
मियां के पास न मठ न मस्जिद
न वाद न शाद
न मुज़ाफ़र न शराब
मियां शाहनज़फ़ तो नहीं जा पाते, पर भूलभुलैया से आज भी बच-बचाकर
  निकल लेते हैं
साथ कोई नहीं निकलता—
सब अंदर शामिल
मियां फख़रुद्दीन बाहर ग़ाफ़िल
शेरवानी ज़िंदा रहे
चौक की चाट उम्दा रहे,
मियां की खैर मियां ही जानें।

[2001]

---

1. कुरान की सूरत जो मरते वक़्त सुनाई जाती है।
2. दो फ़रिश्ते जो कब्र में मुर्दों से पूछताछ करते हैं।

'समय' पर कुछ कविताएं

[1]

कैसाब्लांका फ़िल्म का एक गाना है
जिसका अर्थ कुछ यूं है
कि चुम्बन मात्र एक चुम्बन है
निःश्वास मात्र एक निःश्वास
जैसे-जैसे समय आता है
मूल वस्तु मूल ही रह जाती है।

यह गीत कुछ दिनों तक बहुत अच्छा लगा था
फिर मैं इसे भूल गया
इसकी धुन भी याद नहीं रही
इसलिए नहीं कि समय बीत गया
बल्कि शायद इसलिए
कि हमारे यहां ऐसा नहीं होता
यहां समय जाता नहीं
समय आता है
हम सब का समय आ चुका है
हमारे लिए अब यहां कुछ भी नहीं रह गया है
—न मूल, न विस्तार।

[2]

समय छोटा नहीं, समय दीर्घ है
और हमारे पास पूरा अवसर था उसे झुकाने का

लेकिन हमने उसे उड़ा दिया
बुलबुल की तरह
या बुलबुले की तरह
यह विकल्प बहुत आसान था।

[3]

ज़िंदगी से अपनी दूरी को
मौत की गति से यदि तुम भाग दो,
तो नतीजे में जो आएगा
वही समय है।

[4]

सब कुछ वीभत्स था
न फूल, न ख़ुशबू, न रोशनी
जो था वह न ज़मीन था, न पानी
और शायद किनारा भी नहीं था
एक चुप्पी सी छा गई थी
न तोहमत, न विश्लेषण
कोई शोर भी नहीं
हम सब अपने-अपने घर चले गए
अख़बारों ने लिखा—समय ही दोषी है।

[5]

समय तुम कव्वाली बन जाओ
मैं लहराऊं, मैं दोहराऊं
मैं तिहराऊं,
समां बनाऊं
फिर चाहे डूब जाऊं
पर अब और न छितराऊं
अब और न उतराऊं।

[6]

समय मेरे छत पर है
हर रोज सुनता हूं मैं बारिश का तांडव
दहलता भी हूं कि समय कहीं मेरे ऊपर पूरा न गिर जाए
दहशत में निकालता हूं रात
दीवारों की सीलन और मन की काई पर
मेरी नींद बारी-बारी से फिसलती है
समय मुझे नहीं थामता
अंततः थकान थाम लेती है।

[7]

बहुत दिनों बाद समय ने थोड़ा प्यार किया
तो ज़िंदगी उसे डांटने लगी
बात आदत के भय की थी
समय थोड़ी देर के लिए मां जैसा था
ज़िंदगी वही खीझते बाप सी।

अनमना

खराबी मन की है
मन को दिशा देना
या आगंतुक को मना करना
आसान नहीं है
यूं भी शिष्ट नहीं होता सवालों का दर्शन
बहुत क्लिष्ट होता है मन का व्यवहार
और इस उधेड़बुन में
मन से हारना भी उतना ही कठिन है
जितना मन को जीतना।

जिस लड़ाई में शरीर न हो
वह लड़ाई वैसे भी एक डरावनी घाटी में
टटोल-टटोल कर ही लड़ी जाती है
उस गूंजते अनंत में
मटमैले अविश्वासों के बीच
सरगोशी का ख़तरा
ललकार के आतंक से कम नहीं लगता।

आकाश की परछाइयों से भरे रणक्षेत्र में
ज़मीन की कोई परिभाषा नहीं बन पाती है
और यूं भी बादलों के मौसम में
बहुत अनमना होता है आदमी।

[2004]

संगीत सचिन देव बर्मन का

[इस कविता में सचिन देव बर्मन के संगीतबद्ध कई गीतों की पंक्तियों के शब्दों या उनके भावों को एक साथ समाहित करने का प्रयास किया गया है]

सुबह की ताज़ी हवा है
या सचिन देव बर्मन का संगीत?
अब बोल भी दो, क्या तुम भी डोलते हो?
शाम को धोखे में रख
क्या हौले-हौले तुम भी गुनगुना लेते हो?

यह फूलों का बोझ है
या उनकी महक?
क्या किसी याद की कुंठा है
जो डाली-डाली लचकती है
या कोई नैसर्गिक उन्माद है
कि डाली-डाली लहकती है?
क्या तुम किसी सपने के रूदन से कम्पित हो
या अभी-अभी जगकर खिलखिला रहे हो?
क्या यह पिघला सा क्लासिकी सोना है
या कि उजली पुरवैया ने तुम्हें भ्रम में डाल रखा है?
क्या यह नदी के किनारे खोया हुआ कंगन है
या तुम खुद अनन्त समुद्र में यहां से वहां तक भटक गए हो?
और यह प्रश्नों का सिलसिला भी क्या कोई दर्शन है
या मात्र दिशाएं बदल-बदल कर महक रहा चन्दन?

तय तुम्हें ही करना है
या तो किसी लोकवाद्य की तरह बजो

और भटियाली के आलाप की तरह अपने बंधुओं को पुकारो
या किसी जोगी की तरह तेरे और मेरे के मायाजाल से निकल भागो
या फिर ताजों को उछालो और इस दुनिया को मिटा डालो
विकल्प कई हैं
पर तुम जानते हो कि तुम शायद ही इनमें से किसी को भी चुनोगे
तुम्हें न वैराग्य चाहिए न क्रान्ति
क्योंकि अन्दर ही अन्दर तुम वही रहोगे जो तुम हो
कभी-कभी एक फ़्रिस्की गैम्बलर की तरह लगते हुए भी तुम
अन्त में व्यावहारिक ही रहोगे
बर्मन दादा के संगीत की तरह
तुम शाम कभी आने नहीं दोगे
तुम कहकर भी अपना गोरा रंग किसी को दोगे नहीं
पर साथ ही बांसुरी पर निकाली धुन के साथ सांसों को घुलाना भी चाहोगे
तुम अपने से जलोगे काफ़ी में, लोगों से रश्क करोगे बिलावल में
और फूलों के रंग को सहलाने के लिए पहाड़ी के सुर तलाशोगे।

और इस सबके बाद भी
अगर कोई कभी तुम्हारी सिद्धांतहीनता पर उंगली उठाए
तो तुम अपने आप को ठगा हुआ ही प्रदर्शित करोगे
उस वक़्त तुम लहराती ठंडी हवाओं के पथ प्रदर्शक नहीं
उस गाइड की प्रेयसी बन जाओगे
और बड़ी अदा से गाओगे
'मोसे छल किए जाए, हाय रे हाय सैंया बेईमान'।

[2004]

कुछ कविताओं के बहाने

[1]

मेरे घर में है एक बहाना
दो चार बहाने शहर में
मेरा देश बहानों से भरा है
मां मुझे भी बहाना दो
या खुदा कुछ बहाने दो
हवा में सूराख करने के, काले को रंगीन समझने के
होली खेलने के,
खुश रहने के।

[2]

सर छुपाने के बहाने ढूंढते-ढूंढते
उसने एक मकान की तामीर की
वहां बहानों के लिए अंधेरे कोने थे
और वह खुश था कि बहाने दुबक गए हैं।

मकान की दीवारों में उसने सच को तलाश लिया
मकान की छत को पक्का बना उसने मज़बूती खोज ली
हथेलियों, उंगलियों और नज़रों का पानी सुखा कर
वह समझा जैसे उसने ठोस ज़मीन पा ली थी।

पर जब धूप ने दस्तक दी
और तारीख़ ने ज़मीन का पता पूछा

तो उसे लगा जैसे उसे फिर एक बहाने की दरकार है
सर छुपाने से चल कर सर झुकाने तक आने का फ़ासला कुछ भी नहीं होता
बस एक बहाना चाहिए।

[3]

शिष्टाचार भी एक बहाना ही है
बहाने न होते तो बातें साफ़-साफ़ होतीं
यह कहा जा सकता है कि आप सब मिलकर और कुछ अलग अलग
झूठ ही बोल रहे हैं
और जो छप रहा है या दिखाया जा रहा है
वह भी एक छद्म ही है
या कठपुतलियों का नृत्य।
यह भी कहा जा सकता है कि जिसकी जड़ें आप
निकाल कर फैलाना चाहते हैं
और जिसे आप संस्कृति की अस्मिता कहते हैं
उससे एक दुर्गंध आती है
क्योंकि आपकी मिट्टी का एक बहुत बड़ा हिस्सा
चीखों, कराहों और फ़रेबों ने ही सींचा है
और उनके पक्ष में कोई बहाना नहीं बनाया जा सकता।
तब ऐसी कोई बात नहीं होती
कि हवा वासंती है, चैती चांद मंगलमय हो
और आप सब अपने-अपने कुर्तों में बहुत स्वच्छ लग रहे हैं।

शुरुआत में ही हाथ जुड़ जाएं
तो फिर कितने टूटे हो जाते हैं वाक्य!
कंधों पर भी बोझ आ जाता है ख़ैरियत का
जो नहीं है
और जो नहीं है उसके होने को लेकर अब कोई
बहाना चलना नहीं चाहिए।
अब अपने हाथ खोल दें,
सच-सच बोलें
या हाथों को ही बोलने दें।

[4]

मैंने बचपन में बहाने नहीं बनाए
पूरा बचपन यूं ही गुज़र गया
और उम्र के इस दौर में जब मुझे बहानों की सख़्त आवश्यकता है
तो मेरे पास अनुभव का कोई खज़ाना ही नहीं
जहां से मैं दो चार बहुमूल्य बहाने निकाल कर
अपनी ज़िंदगी बना सकूं।
लगता है मेरी ज़िंदगी कभी मेरे लिए बहाना नहीं बन पाएगी
आजकल जब तरक्कीपसंदगी के उदाहरण ढूंढने पड़ते हैं
और तरक्की के लिए बहाने बनाने पड़ते हैं
तो तरह तरह के बहानों से फैलते इस शहर में
मैं किसे किसे समझाऊं कि मैं एक घर भी न बना पाया,
और न ही बना पाया इसके लिए कोई बहाना।

मैं पूरा ही निष्क्रिय रह गया
बहाने सक्रिय होते हैं
और एक दूसरे से गुंथते बेलों की तरह फैलते चले जाते हैं
इनकी पत्तियाँ तोड़ी नहीं ख़रीदी जाती हैं
और इस बाज़ार में उधार नहीं मिलता
किसी भी बहाने नहीं
बहानों का बहानों से रिश्ता बड़ा पेशेवर है
जैसे मज़ारों का चादरों से
और भरे-पूरे इस पाक़ीज़ा रिश्ते में
काफ़िरों के लिए कोई जगह नहीं है।

[2007]

प्रेम

समय ने संदेशों के फूल नहीं भेजे
इतिहास जगा, पर ख़ुशबू नहीं आई
चेहरे कौंधे, पर ग्लानि नहीं हुई
जो धुंधला लगा, उसे झूठ कह लिया
जो सीधा लगा, उसे तिरछी नज़र से देखा
जो मन से उछला, उसे रेत पर गिरने दिया।

पानी अथाह था, पर हमने पैर नहीं भिगोए
लहरों का शोर था, पर मैंने तुम्हें फुसफुसा कर समझाया
आवाज़ों के हाथ-पांव थे, पर हमारी सामयिकता स्वायत्त थी
हंसी की सनसनाहट थी, पर हमारी गंभीरता आवश्यक थी
पुश्तैनी गंध थी, पर हमारे बिंब विधान उत्तर-आधुनिक थे।

यूं तुम्हारे शरीर को संयोजित कर
मैंने तुम्हारी आत्मा को अपनी आत्मा में मिला लिया,
हम प्रेम करने लगे।

[2001]

मत फाड़ो

शहर की बदरंग हो चुकी दीवारों के बीच
महफ़ूज़ है एक पुरानी इमारत–एक कोना सम्हाले
तारीख़ के उस मज़बूत हिस्से को
इश्तहार की तरह
मत फाड़ो
मेरे सरमायादारो!

[1997]

विमुक्त

आदमी समस्याविहीन नहीं मरता
जो विमुक्त मरते हैं
शायद वे आदमी नहीं होते।

[1997]

सम्पूर्ण साक्षरता

मनसुखवा के हाथ में पकड़ाकर अपना चॉक
उससे अपने बोले हुए शब्द लिखवाना
लिखवा कर पढ़वाना
पढ़वा कर सुनवाना
नुमाइश को देखकर
साहब का रीझ रीझ जाना
मनसुखवा का रीत रीत जाना
—यही सम्पूर्ण साक्षरता है।

[1997]

बड़े साहब

वे बड़े साहब हैं
छोटों से बड़े सवाल करते हैं
छोटे जवाबों से संतुष्ट नहीं होते
बड़े उत्तर से चिढ़ जाते हैं
हर सुबह
हवाओं में लकीरें खींचकर
जवाबों के पलड़े बनाते हैं
हर शाम
हवा से फूलकर
सवालों को भूलकर
झुके हुए पलड़े से हाथ मिलाते हैं।

[1997]

बता दो

धर्म का बहकना
बच्चों का चहकना
आग का दहकना
फूलों का महकना
मुझे बता दो इनमें से कौन क्रिया है, कौन प्रतिक्रिया?

[1997]

शपथ

सबके मुंह खुले हैं
मुठ्ठियां बंद
मेरा शहर शपथ ले रहा है

[1997]

पापा, फुग्गा दो

पापा, फुग्गा दो
मेरा फुग्गा अभी भी है तिरंगा
पापा, थोड़ी हवा भी दो
पापा, एक छत दो
पापा, अपना हाथ दो
पापा, अब उड़ाओ
पापा, अब हंसाओ
पापा, अब तुम भी हंसो।

[1997]

रहता नहीं हूं

मैं इस प्रदेश में नौकरी करता हूं
लोग पूछते हैं– मैं कहां का रहने वाला हूं?
नौकरी करने को रहना नहीं मानते लोग
शायद ठहरना मानते हों;
मैं सरकार का नौकर हूं
इसलिए ठहरा ठहराया हूं हर तरह से, हर क़दम पर।

मैं सात साल से इस प्रदेश में ठहरा हूं
मैं इस प्रदेश का समकालीन ठहराव हूं
यहीं मुझसे बड़े-बड़े प्राचीन ठहराव भी हैं–
सम्हले सम्हाले हुए
वातानुकूलित और प्रमाणित
एक बहुत बड़े मानव संग्रहालय में स्थित और वर्गीकृत;
मैं समकालीन हूं, लेकिन ठहरा हुआ हूं–
इसलिए इतिहास पर बोलने की मनाही है मुझे
मुझे बताया जाता है
इस प्रदेश में इतिहास लिखा नहीं जाता,
वह स्वयं बोलता है
वइ इतना सक्षम है कि समकालीन का विश्लेषण भी कर लेता है
और देवताओं के लिए भविष्यवाणी भी;
प्रमाणित ठहराव की महिमा इसी में है कि देवलीला चल सके।

मैं सात साल से देवलीला देख रहा हूं
आकाशवाणी सुन रहा हूं

मैंने गर्दन में सांप लटकाए शिव के कई प्रतिरूप भी देख लिए हैं
मैं उनकी तीसरी आंख से डरने भी लगा हूं
मैं चबाने भी लगा हूं, निगलना भी सीख गया हूं
मैं यह भी जानने लगा हूं कि सब कुछ नश्वर है
यहां इच्छा का रहना या रहने की इच्छा दोनों एक ही माया के रूप हैं
और गति एक सांसारिक भटकन है।

मैं जान-जान कर विनम्र होता जा रहा हूं,
मैं मान-मान कर प्रत्याशित होता जा रहा हूं
मैं जहां ठहरा हूं वहीं जमता जा रहा हूं,
मैं अकड़ता जा रहा हूं,
पर यह बर्फ़ मेरी नहीं है—
मैं इसमें रहता नहीं हूं।

[1998]

पत्नी

वह एक हाथ से सांसों को थाने बेटी के फ्रॉक की गिरह से लगी हुई है
वह दोनों पैरों पर झुकी हुई बेटे के जूतों से जूझ रही है
वह बिखरी बिखरी सी तवे पर कुछ ऐसा वैसा डाल रही है
वह थोड़ी विस्मृत, थोड़ी जागृत उंगलियों से शॉल को सम्हाल रही है
वह आधे सवाल पूछ रही है, वह अधूरे जवाब दे रही है
वह हरहराती जा रही है, वह डगमगाती जा रही है
वह मेरी पत्नी है–
वह कमरे में आ रही है, वह कमरे से जा रही है।

वह दीवारों के लिए सरफ़रोश होती जा रही है
वह चारदीवारी के लिए सरफ़राज़ होती जा रही है
वह कायदों की तलाश में बेलुत्फ़ होती जा रही है
वह अपने लिए बेसबब होती जा रही है
वह नीमगर्म सुबह में दोपहर को देख रही है,
या न जाने कौन से शहर को देख रही है
वह मेरी पत्नी है–
वह सिकुड़ी हुई बच्चों को सटा रही है, वह निचुड़ी हुई बच्चों को उठा रही है।

वह छोटी-बड़ी टहनियां सहेजती जा रही है
वह बची हुई तीलियां खोती जा रही है
वह मेरी तपिश के लिए हैरान सी होती जा रही है
वह बच्चों की रविश के लिए परेशान सी होती जा रही है
वह भीड़ में भी मुट्ठियां भींचे सावधान हो रही है,
वह भरे पूरे कमरे में वीरान हो रही है

वह सिलती जा रही है, वह फटती जा रही है
वह मेरी पत्नी है--
वह अपनी हदों से ग़मगीन होती जा रही है,
वह मेरी नस्लों की ज़मीन होती जा रही है।

वह हर ख़बर से पहले ग़लत होती जा रही है
वह हर दबी राख को कुरेदती जा रही है
वह थोड़ा कुछ खोज रही है, वह बहुत कुछ बीन रही है
वह मशमूल कर रही है, वह मंज़ूर हो रही है
वह हर दिन बटोरती जा रही है, वह हर रात टटोलती जा रही है
वह मेरी पत्नी है–
वह छुपी-छुपी सी कुछ जमा रही है, वह उड़ी-उड़ी सी कुछ गंवा रही है।

[1997]

ख़ुशबू

इस सिकुड़े हुए शहर में
वह क्या है जो फैल गया?
जब मैं नहीं फैला, तुम भी सिमटे ही रहे
हमारे पड़ोसी भी घात लगाए जमे ही रहे
तो फिर वह क्या है जो फैल गया?

जब वह हमारे घरों में पैदा नहीं हुआ
तो वह कहां से आया?
इस भरी पूरी शाम में
उसकी उत्पत्ति के लिए
जगह किसने दी?
क्या अभी भी कुछ बचा है जो हमारे घरों से इतर है
क्या यह दुनिया सिर्फ़ हम ही हम नहीं
कुछ और भी है?

हमारा अतीत तो वह हो नहीं सकता
क्योंकि इतिहास पर पैबंद हमने बड़े करीने से लगा रखा है
वर्तमान के दुस्साहस की भी अख़बारों में कोई ख़बर नहीं है
और अख़बारों की संस्कृति में न सिर्फ़ उनके मालिकों की पूंजी
बल्कि हमारी स्वाधीनता के सभी शोरूम भी जुड़े हैं
भविष्य में भी हमें सिकुड़कर ही और चमकदार होना है
क्योंकि बड़े साधु सन्तों ने हमारे सिमटने को
अहम को मांज चमकीला बनाना परिभाषित भी कर दिया है

फिर वह क्या है जो अचानक फैल गया
और हमें उसे महसूस भी करना पड़ा।
अगर वह किसी सजीले आत्मतुष्ट दुकान से नहीं निकला
अगर वह किसी गौरवान्वित असम्पृक्त गली से नहीं उपजा
तो क्या वह उस फूल से आया जो उस छोटे बच्चे ने तोड़कर
अपनी मां से अपनी कमीज़ पर लगाने को कहा?
क्या वह छोटा सा फूल इतने से बचपन को इतना बड़ा कर गया?
क्या उस छोटी सी उमंग में इतनी गहरी लहरें थीं
कि हमारा वर्षों का बड़प्पन भी
तैरने को मचल गया?

यूं बात ज़रा सी ही थी
बात हमेशा छोटी सी ही रहती है
क्योंकि फूल अभी भी खिलते हैं
बच्चों की तरह
बस, हम साथ नहीं खिलते
हम साथ नहीं फैलते
हम अपनी मांओं को याद नहीं करते
हम अपने घर और बाज़ार को जोड़कर वयस्क दिखते हैं
अपने-अपने दरवाजों के आगे झुके-झुके से हम
खिड़कियां नहीं खोलते।

[2004]

गर्मी बाक़ी है

गर्म हवा का एक ख़ुलूस होता है
वह तक्सीम नहीं करती
और मैं जब सड़क पर निकलता हूं
मुझे लगता है, अभी हूं
मैं अभी महसूस कर सकता हूं
मैं अभी शामिल हो सकता हूं
मैं पक-पका सकता हूं, साझेदार बना सकता हूं
बेचैन हो सकता हूं, उबल सकता हूं
मुझे लगता है
अभी कुछ गर्मी बाक़ी है।

[1998]

सोचते हुए

आज बरसों बाद बहुत सारा प्यार उमड़ आया,
और तुम कहीं और थी।

न कोई तस्वीर थी, न आवाज़ थी तुम्हारी
बस हलकी सी बयार थी, भरा-भरा मन था
और एक मुख़य्यिल अहसास था
देख सुन कर हुलसने की उम्र अब रही नहीं शायद
सोचने की तमाम उम्र अभी बाक़ी हैं।

[1998]

कहानियों के अंत

एक परोपकारी राजा था,
एक करुणामयी रानी थी,
एक दुष्ट राक्षस था...

ऐसी कहानियों के अंत बदल देने चाहिए
बच्चे बड़े हो रहे हैं।

[1998]

सूचित तो तुम्हें होना ही पड़ेगा

बदल जाएगी दुनिया जब मिल जाएगा सूचना का अधिकार
सूचनाएं गले मिला करेंगी चौराहों पर
सूचनाएं बना करेंगी पिछवाड़ों में
इश्तहारों में ब्रांड नेम के साथ बिकेगी सूचना
सूचनाएं यूज़र फ्रेंडली होंगी, कोलेस्ट्रॉल से मुक्त होंगी
बड़े टी.वी. के चौंतीस चैनलों पर विज्ञापित होंगी,
तो सूचनाएं खरीदनी ही होंगी।

हाट-बाज़ारों में टोकरी भर भर सूचनाएं लेकर बैठेंगे मिट्टी के लोग
और सोना बनता जाएगा
पान की दुकानों पर सुपारियों की तरह, मुहल्लों और गलियों में भिखारियों की तरह
आदमी के घर में बीमारियों की तरह, या अमीर शहरों में व्यापारियों की तरह
सूचनाएं रोज रोज पैदा होती जाएंगी
कोना कोना भरता जाएगा
सूरज भी पारदर्शी हो जाएगा
आदमी अपना सर देख लेगा अपने ही पैरों के नीचे
सड़कें चमकती जाएंगी जब मिल जाएगा सूचना का अधिकार।

मां बच्चे को सूचना देकर सुलाएगी
नींद में बच्चा डरा तो कल सुर्खियां बन जाएंगी
मां जागेगी, बाप को जगाएगी, खबरें सुनाएगी
कहेगी कि वो देखो खिड़की की सुराखों से लिया जा रहा है हमारे बीच की रोशनी का हिसाब

और वो देखो दरवाज़े को ठेल कर दिया जा रहा है हमारे घर में न बिका
रद्दी माल
ज़रा सोचो कि इस मुहल्ले में कई लोग
कैसे पुराने, सूखे पेड़ों से सूचनाएं निकालकर नई, दपदपाती खबरें छाप गए
और तुम बच्चे को बताते रह गए वह धुंधली तारीख जब तुमने बगीचे में
पहली बार क्यारी खोदी थी।

रात झुंझला कर समय जाया मत करो लोगो
रातों को लांघते हुए बिकाऊ सुबहों का अपहरण कर लो
लोगो, जल्दी करो
अधिसूचना निकल चुकी है—सूचित तो तुम्हें होना ही पड़ेगा
आनन फानन छांट लो अपने हिस्से की खबरें
दरबार जल्द ही लगेगा
इधर-उधर बेचने के बाद कुछ बची खबरें तो वहां भी ले ही आना
दरबार की शान में दो-एक ठुमरियां तो सुनानी ही पड़ेंगी तुम्हें,
भले ही सुर न लगे
बादशाह सलामत इंतज़ार कर रहे हैं
लोगो, तुम बेताब बनो।

[1996]

गली

हरे दुपट्टेवाली उस लड़की की आंखों में ख़ुदा नहीं पर जन्नत भरपूर है
खाला की डांट, अब्बा के अदब और अम्मी के तेवर के बीच से भी उसका
 निकलना
गली को ख़ुशनुमा कर जाता है
वह हल्की सी चाल मुहल्ले के वज़नी दस्तूर को आहिस्ता से परे हटा कर
जहां पहुंचती है,
उस मुहाने पर नमाज़ी भी होते हैं, चंदनधारी भी और कुछ शोहदे भी
पर नज़रों में फर्क नहीं होता
इबादत चुनौती बन जाती है, आराधना महत्त्वाकांक्षा, आवारगी हौसला।
परवरदिगार सर्वशक्तिमान अली और महाबली की क़समें तो खूब खाई
 जाती हैं
पर इकबाले जुर्म कहीं नहीं होता
न कंगूरों से लिपटी सदाओं में, न शिखर की गूंजती घंटियों में।
ख़ुशबू पर मरना चाह कर भी कोई नहीं मरता
सबके पास अपनी तेज़ गंधों की विरासत का तक़ाज़ा होता है
वह तीखा जज़्बा बनाता है और खबरदार करता है
क्षण को छितराने दो, चिरंतन को पकड़ कर रहो।

वैसे सुनते थे जहां जज़्बा होता है, वहां बुज़ुर्ग नहीं होते
पर यहां तो बुज़ुर्गों की भी इनायत है
जज़्बे को जामा पहनाना बुज़ुर्गों की ही तालीम है
पाकीज़ा ज़ुबान की बदाहत पर शक नहीं हो सकता
मर्ज़ी हमारी नहीं, हम फरमान के बंदे हैं
हममें विकार नहीं, हमें विकार पर क्रोध है

ख़ुदा की गली है, हमारा भगवान है।

लड़की अभी ख़ुशअदा है लेकिन ख़ुशक़दम नहीं
कल उसके क़दमों के बहकने की बात भी उठेगी
क्योंकि हमने अपने शहरों में ढेर सारी गलियां बना रखी हैं
और उनके मोड़ पर खड़े रहना हमारा शगल भी है और धर्म भी
यहीं एक टुकड़ा खुदाई और एक टुकड़ा सृष्टि को तौल कर हमें फ़तह पानी है
इस फ़तह के लिए अगर काम आ सकें
तो फिर आ लें एक दो हरे दुपट्टे वाली लड़कियां
हम उनकी आंखें मूंद कर अपनी-अपनी जन्नत बना लेंगे
हमें ऊपर से ज़मीन की दख़ील और बहिश्त की माहीयत के काग़ज़ मिल चुके हैं
जितनी ज़मीन हम दबाते जाएंगे उसके नाम पर
उतना ही आसमां में खुदा सुरक्षित नहीं, महफ़ूज़ रहेगा
उतना ही आकाश में ईश्वर खुश नहीं, प्रसन्न होगा।

[2002]

दिन

क्षणों में जीऊं
या समय को तोड़-ताड़ दूं
जिस सुबह यह तय कर लूं
वह दिन कैसा बीतेगा...

क्या उस दिन धूप ठंडे कमरे में आ लेगी
क्या उस शाम की हवा समझदार होगी
क्या उस रात चांद की तारीख़ नहीं होगी
क्या अफ़वाहों का बड़प्पन रुक जाएगा चौराहों से पहले
क्या कैफ़ियत की मशक्क़त से बच जाऊंगा मैं
क्या दिन में भी तुम मेरे साथ मशगूल हो पाओगे
क्या नींद पक्की आएगी?

उस दिन क्या हर पल वज़न लेकर नहीं आएगा
उस शाम क्या तौलने की गफ़लत नहीं होगी
सुबह-सुबह क्या बूंद-बूंद को धरोहर नहीं बनाएंगे लोग
उस दिन क्या जवान सांसें बिना ताकीद के घरों से निकल लेंगी
उस दिन क्या घोषणाएं नहीं होंगी, उस शाम क्या दस्तक नहीं देंगे पड़ोसी
क्या उस दिन मुहल्ले में शंखनाद नहीं होगा
क्या उस शाम बस्तियों में नमाज़ नहीं होगी?

खंडहरों को देखकर क्या दर्द नहीं होगा
जगमगाहट से रश्क होना क्या बंद हो जाएगा
क्या बूढ़ी दादियों के पैरों पर झुके तमाम कंधों पर हंसी आने लगेगी

क्या पुरखों की तासीर से पसीना नहीं आएगा
क्या बच्चों के झूले आगे से पीछे नहीं जाएंगे
क्या सब्ज़ी में अधिक मिर्च डालने को नहीं कहेंगे अधेड़ पति
क्या उस दिन बिल्लियां बुढ़ाती औरतों के रास्तों को नहीं काटेंगी
क्या उस शाम नहीं फड़केंगी बाईं आंखें?

क्या उस दिन स्पर्श से नहीं फैलेगा भ्रम
क्या उस दिन मृत्यु और जन्म बिना टकराए अगल-बगल से निकल लेंगे
क्या उस दिन बगूला नहीं उठेगा
सूखे पत्ते नहीं उड़ेंगे क्या उस दिन
उस दिन क्या अदालतें मुल्तवी नहीं होंगी
उस दिन क्या आलाप पर ही रुक जाएगी संगीत सभा
क्या नक्कारख़ाने बंद हो जाएंगे उस दिन
क्या उस दिन मेरी मां चिंता करना छोड़ देगी?

क्या उस सुबह हुलस कर देख पाऊंगा आईना
आकृति को तोड़कर क्या परछाइयों से भी मुक्त हो जाऊंगा उस दिन
वह वक्फ़ क्या सराबोर कर पाएगा मेरी ज़मीन को
क्या आसमान से आहटें आना बंद हो जाएंगी उस दिन
क्या चीलें नहीं उड़ेंगी दोपहर में
क्या पुरानी खांसी नहीं उभर जाएगी शाम से;
क्या उजला-उजला दिखूंगा उस रात,
जिस सुबह यह तय कर लूं
कि क्षणों में जीऊं, या समय को तोड़-ताड़ दूं?

[1998]

रात

तारों का टूट कर ज़मींदोज़ हो जाना,
खिड़कियों का तिलमिला कर बंद हो जाना,
आपका अचानक कौंध-कौंध जाना
और आप ही के घर में रोशनी का गुल हो जाना...

एक तेज़ सीटी का बजना और हड्डियों में अटक जाना
रह जाना शरीर का शरीर
खींच लेना हवा का
और छोड़ जाना एक खटका
कि घर के सामने वाली चट्टान बीच से चटक गई होगी
और आपके उठने से पहले ही भूंक उठेंगे कुत्ते।

यूं हर उस बात का होने से पहले नज़र आना
हरेक आहट से कंपकंपाना
और सोचना कि देर से आने वालों की सांकलें पूरे मुहल्ले में क्यों बजती हैं...
सोचने की कोशिशों में अपने को ढलान पर पाना
और उस विभक्त चट्टान का आसानी से लुढ़क जाना;
उंगलियों का फिसलना, हाथों का हिलना और ज़मीन का झकझोरा जाना
ऐसी टेढ़ी-मेढ़ी हलचलों के बीच झूलते रहना
और आसपास की हर शाख़ का थम जाना...

फिर पत्थरों का डूब जाना, टहनियों का टूट जाना
धुएं का गहराना, और तेज़-तेज़ आना
एक फुसफुसाहट का फैलते जाना आधे से पूरे की तरफ़

धीरे-धीरे कुंद होते जाना
और निश्चलता के उस क्षण में
एक घने से बादल का आपके ऊपर फैलना
और ज़ोर-ज़ोर से डराना...

एक रात ऐसी भी आएगी
अगले कई दिन खंडहर हो जाएंगे।

[1998]

अभी वक़्त है

मेरे बच्चे भींगे-भींगे से हैं
जितना पानी मेरे घर में है, उतने से ही मेरे बच्चे भींगे-भींगे से हैं
समय कच्चा है
मौसम फूला-फूला है
जो न है वह आग है
जो है वह इंद्रधनुष है
जो नहीं होगा वह निषिद्ध है
जो होगा वह सुंदर संसार है।

मेरे बच्चे मेरे सपनों के राजा हैं
मिठाइयों में लड्डू हैं
पिछवाड़े के बंद दरवाज़े और सामने की ईंटों के बीच
ज़ो महफूज़ है, वह मेरा आंगन नहीं मेरे बच्चे हैं
जो दबे पांव आता है
वह सन्नाटा नहीं रहता
क्योंकि मैं ज़ोर-ज़ोर से बोलता हूं
जैसे रात की कहानी में मिट्ठू
जिसे मैं बूढ़ा नहीं होने देता
तोता, मैना, शेर, हाथी—और जंगल में सुख ही सुख।

रात की कहानी एक मिथक की निरंतरता है
एक घाट का पानी
घाट की हरी घास,
चाह के साथ करिश्मा

पूर्वाग्रह भरी विजय
कोई दावानल नहीं, कोई सूराख़ नहीं
सुरंगों की मिट्टी भी शुद्ध
वहां भी गंध सोंधी
आश्वस्त करती थपकियां
और भीनी-भीनी नींद।

अभी वक़्त है उस रात के आने में
जब मेरे बच्चे इन मिथकों की खिड़कियां खोलेंगे
वह एक वयस्क रात होगी
और मैं अगली सुबह बूढ़ा होकर उठूंगा।

पर अभी वक़्त है
अभी तो मैं जवान हूं
और मेरे बच्चे भींगे-भींगे से हैं।

[2002]

ज़मीन आसमान

वह जो छा रहा है
वह नींदों का आकाश है
और जब आकाश उनींदा होने लगे
तो फिर लाख घंटियां बजा लो
मंदिरों को कितना भी जगा दो
चाहे चीत्कार के स्वर में आरती गाओ
लेकिन ज़मीन की उबासियां नहीं रोक पाओगे
आसमान और ज़मीन मिलकर अंततः
आदमी को ही सुलाएंगे
मर्द और औरत दोनों ही सोएंगे
नींद दोनों को ही आती है
और गहराती नींद हमेशा काली होती है
फिर कुछ भी नहीं दिखता
न मंदिर न मस्जिद, न राग न द्वेष
न पति न पत्नी, न होड़ न लिप्सा
न धर्म न सम्पत्ति, न स्वप्न न संघर्ष
और न ही स्त्रीत्व या मर्दानगी।

बादल शफ़्फ़ाक नहीं होते
बारिश ज़ंज़ीरों की तरह बरसेगी
और यह मौसम यकसाल नहीं है
यह ऐसे हमले का उन्वान है
जहां पूरी ज़मीन हिरासत में होगी
और अक्स या अहम का कोई अर्थ नहीं।

अब वक़्त कम है
टुकड़ों में मत बांटों अपनी सांसें
दम दोनों का ही फूलता है
चाहे औरत हो या मर्द
और गुस्सा बेवक़्त की नींद पर आना चाहिए
एक दूसरे के उठने के समय पर नहीं।

उठना तो अब होगा ही
दो नहीं, एक साथ मिलकर चार आंखें खोलो
थोड़ा आसमान को जगाओ
थोड़ी ज़मीन बचाओ।

[2007]

आलाकमान

तय थी ज़मीन
निश्चिंत हो कर मरे थे पुरखे
पक्की थी विरासत
उम्र खाने-खेलने की थी
और खेल शुरू था।

हक़ बने-बनाए थे
कब्ज़ा बेहद पुख़्ता
दीवारों पर तस्वीरें खास-खास थीं
सलीका बेशतर था, नज़र आलीकद्र थी
हिमायती आते थे और नौबत बजती थी
कुनबा भरता पूरता था
खेल जारी था।

काले बादल बरस जाते थे
तो दीवारें और धुली हुई लगती थीं
बिसात और चमकीली हो जाती थी
चालें और खमदार
पोशीदा रास्ते खुल जाते थे
ऐलान की अदा नई थी
फ़ख्र पुराना,
बेरंग हो चुके ताबीज़ों में खिल जाता था नया हुनर
खंदक भरते जाते थे
हमख़्याली का दौर आता था

जमशेद के प्याले की तरह लबालब भरी मुस्कान बिखरती थी
एक तरफ़ धारदार करीना था, दूसरी ओर तिलिस्म
तरीके छलकते थे
प्याले लपकते थे
खेल अपने चरम पर था।

मौसम में तारीफ़ थी
हवाओं का बंदोबस्त था
तीरकशों की हिफ़ाजत पुश्तैनी थी
झरोखों के नाम नए
नीचे मिट्टी थी, ऊपर कब्र पर बिछी चादरें
लोबान था, अगरबत्ती थी, ख़ैरात थी
हड्डियां नहीं थीं, दोज़ख नहीं था
मेरे मौला की रहमत थी
मेरे मौला की ताकत थी।

[1998]

नए साल पर कुछ कविताएं

[1]

पिछला वर्ष मोमबत्तियों की तरह डगमगाता रहा
नया वर्ष हर दिन समीप आता रहा और डराता रहा
दफ्तर में मैं कल भी, आज भी चिल्लाता रहा
सब मुझे देखते रहे
मैं दिखाता रहा।

[2]

धूप बाहर ढल रही होगी
अलगनी पर टंगे कपड़े पूरे नहीं सूख पाए होंगे
मुंडेर पर बैठी चिड़िया फिर से झूठ बोलने लगी होगी
नया साल आ गया होगा...

[3]

नए साल के कार्ड आने लगे हैं
और मेरी मेज़ पर बिनखुले जमते जाएंगे
जानता हूं अंदर का मज़मून क्या होगा
वैसा कुछ होगा नहीं नए साल में
वैसे कुछ भी नहीं होता नए साल में
सिवा अंदर की कुछ और बातों के।

[4]

नए साल आते हैं तो आते रहें

पर मेरे घर की गंध पुरानी रहे
मेरी मां बूढ़ी न हो
सोना बेटी यहीं रहे।

[5]

जिसे सब नया कह रहे हैं
उसे कुछ और कहने से पहले सक्षम प्राधिकारी की अनुमति अवश्य ले लेना।

[6]

नए साल पर प्राइवेट स्कूल बंद हैं,
और सरकारी स्कूल खुले
शासन बचपना नहीं करता,
बच्चे सरकार नहीं चलाते।

[7]

मुझे नए साल में यूं कोई शिकायत नहीं है
रंज सिर्फ इस बात का है
कि वह बिना हालचाल पूछे आधी रात को
मेरे घर में घुसकर सो जाता है
और बिना आंखें मिलाए सुबह सवेरे उठ कर चला जाता है।

[8]

वह मुझे बहुत प्यारा है
उसकी गंध खुशनुमा
वह निश्चिंत है, वह सुरक्षित है
वह नए वर्ष की आशंकाएं लेकर नहीं आया
लोग मुझसे फिर भी पूछते हैं
कि मैंने अपने बेटे का नाम अतीत क्यों रखा?

[9]

खंडहरों के बीच मनती हैं, नए साल की पिकनिकें
जब मेरा शहर खंडहर हो जाएगा,
वह भी एक नया साल ही होगा।

[10]

पुराने धर्मों का नया साल!
कितने दूत भेजेगा आसमान अबकी बार?

[2000]

दफ़्तर

दफ़्तर के चमड़े पर उग आई हैं काली धारियां
दफ़्तर के दरवाज़े पर हौसले से खड़ा है पीली रोशनी का एक टुकड़ा
मेरे सपने में है दफ़्तर
और दफ़्तर शायद खुला है।

दफ़्तर के आगे है एक खदबदाता नाला
जिसे मेरे दफ़्तर के शेर फांद नहीं पाते
पिछवाड़े से निकलना सुरक्षित और अपेक्षित है
मेरे सपने में है नेपथ्य
और नेपथ्य बहुत बड़ा है।

दफ़्तरी ढंग में कैद हैं पुरानी हिचकियाँ
संतुष्ट डकार भी बीमारी है
उन्हें ठीक करना लाज़िमी है
गमले बिठाना या पेड़ पौधे उगाना—जैसे सुधार की फसल
मेरे सपने में है जंगल
और जंगल नया नया है।

दफ़्तर में आने लगे हैं आदेश
आधुनिक, चमकदार निर्देश
अब कागज़ों को हटाना है
और एक अकेली खिड़की खोलनी है
मेरे सपने में है रोशनी
और वह बैठ गई है—उसी नई खिड़की के नीचे।

मेरा दफ़्तर अब एक चमकीला भविष्य है
ऊपर से नीचे तक शीशे की एक साफ़ चादर
इसी में खिड़की भी रहेगी और शायद कहीं दरवाज़ा भी
मेरे सपने अब तरल होने लगेंगे
मैं अब उनमें परियों को देखूंगा
परियां मुझे भी उड़ाएंगी
रोशनी के टुकड़ों की सतह से बहुत ऊपर
जहां से जंगल भी एक ख़ुशनुमा रंग लगता है।

[2007]

होना : पांच कविताएं

[1]

जो होना है वह एक पल में हो जाता है
पर उसके पहले बीतते हैं कितने सारे
पलों के छल
पूरे शरीर पर उनका कोलाहल
जैसे नदी भी समुद्र हो गई हो
मन खारा हो गया हो
जैसे किसी दिमाग़दार से हाथ मिलाना पड़ा हो
और हथेलियों में चिपचिपाहट भर गई हो
जैसे अपने आप से दरयाफ़्त करते करते
पैदाइश ही कसूरवार हो गई हो
और किसी नामुकम्मल सपने में कठघरों का
नामुराद सफ़र चलता जा रहा हो।

वापसी हमेशा मुश्किल होती है
आसमान से ही नहीं, ज़मीन की जड़ों से भी
इस मुनीर दुनिया में हक़ीक़त की खिलाफ़त
से बचोगे
तो एक-एक पल अभिशप्त होगा
किसी काले डोर से बंधे तुम
ताउम्र शबगश्त करते रह जाओगे।

[2]

उसका चेहरा वीभत्स है

लिखावट बड़ी भद्दी है
उसकी सोच बेढंगी है
और उद्गार असभ्य
वह वर्षों से किनारे पर खड़ा है
जहां-जहां उसका अक्स झिलमिलाता है
वह जगह पानी पानी हो जाती है
इसमें कुछ बेमुरव्वत भी नहीं
जहां ज़मीन को ठौर न मिले, वहां पानी ही पानी सही
अब जो जो होना है, हो जाने दो।

[3]

होना-जैसे ख़ूब ख़ूब बारिश
न होना-जैसे छः रंगों का इंद्रधनुष।

[4]

रात सपना आया कि सारी चिंताएं
ख़त्म हो चुकी हैं
और मैं फिर से ख़ुश हो गया हूं।
आज का दिन बहुत उदास गुज़रेगा
कुछ सोचने और फिर होने में भी
फ़र्क़ हो ही जाता है
बहुत कुछ सोचने और कुछ न होने में
क्या उम्र हो जाएगी?

[5]

कल कुछ ऐसा हुआ
कि फ़ीरोज़ी कपड़े में तुम इधर उधर
मंडराती रही
जगह मिलती गई और तुम मशगूल रही

तुमने अपना चश्मा उतारा
थोड़ी देर अपने होठों के पास वाले तिल पर हाथ रखा
एक कागज़ उड़ा, और कुछ देर
हवा में ठहरा रहा
बहुत दिनों बाद एक खुली सी मुस्कुराहट
तुम्हारे चेहरे पर आई
उस एक क्षण में तुम्हें अपने
ऊपर ढेर सारा विश्वास हुआ।

वह पल तुम्हारा था
पर हम सब उसमें बाहम थे
घर रौशन हुआ
तुम बहुत अच्छी लगी।

[2004]

संस्कृति संचालनालय

मसनदों और गावतकियों के बीच
ठुमरी ही नहीं, मुनीमी भी चलती है
संस्कृति के अभिजात्य का यही फलसफ़ा है
तुम भले ही देखते रहो नीला शिफॉन
पर यह अन्ततः आसमानी नकाब है
इसी की आब है
बड़ा सूक्ष्म सा हिसाब है
आसमान साफ़ है और बारिश भी हो रही है
भींग जाओगे
तुम्हारा तो ग्रह ही ख़राब है।

यहां तुम्हारी चर्चा नहीं चुहल है
नक्काशीदार बेलबूटों में खिला हुआ कमल है
यहां कासिद ही कासिद हैं
कसीदा ही कसीदा है
कदों की सीढ़ियां हैं
कायदा ही ओहदा है
तुम्हारी नज़रों को चमकना चुभे तो चुभे
पर टोकने वाला यहां बेहूदा है।

यहां उन्नत ही पदोन्नत है
तरकीब का ही माद्दा है
तुम्हारी नज़र अगर आधी है
तुम्हारा ख़याल बड़ा सादा है

जहां बच्चे नहीं आते
जहां कोई कांच नहीं टूटता
वहां चटकना भी बस शब्द है
और शब्द ही इरादा है
यहां वादकों की भीड़ है, संयोजकों की पैदावार
और भी जो कुछ है
सब ज़्यादा ज़्यादा है
तुम सोच के गुलाम हो
और सोच यहां प्यादा है।

[2004]

फूटने दो रंग

तुम एक अलहदा तस्वीर बन कर नहीं बोलोगी किसी दिन
मैं क्यों रंग तुममें भरूं?
रंग झीने नहीं होते
मन अधडूबा रहे,
फिर भी अकड़ जाते हैं रंग
रंग लौटते नहीं,
रंग चुक जाते हैं।

तुम भरी पूरी रहो, न रहो,
पर सलामत रहो
पराकाष्ठा या चरम पर न भी पहुंचो
पर निरन्तर रहो,
कालजयी नहीं, आत्मजयी बनो
ऐसे ही हिलोरती रहो पर छिटको नहीं।

उगने दो गेहूं की बालियों को
फैलने दो वटवृक्ष, फूल, पौधे, बांस
फूटने दो रंग, चटकने दो गंध
होने दो सब गाढ़ा-गाढ़ा,
तुम यूं ही मद्धम रहो।

रीतने दो काग़ज़ को
सुलगने दो आकृतियों को
बनने दो लाल, नीला, पीला प्रचंड

बढ़ता जाए ठाठ-बाठ, टंगता जाए रूप-रंग
बढ़ती जाए ज्योति उनकी
फूले फले धूप हवा, चढ़े वैभव, घेरे रहस्य
बने हुए श्वेत शुभ्र तुम तो बस पसार दो।

[1998]

उतार देना है कलश

मैंने बहुत सारे डर पाल-पाल कर बढ़ा कर लिये हैं
अब मैं भी डराना चाहता हूं
मैं चाहता हूं मेरे दोस्त भी डरें
जो उगे हुए फैले हैं मेरे वे दुश्मन भी डरें
जो कभी नहीं पसीजे वे भी सहम जाएं
कुछ दीवारें झड़ें
कुछ छत दहले
कुछ जौहर असफल हो जाएं
कुछ तेवर बिखर जाएं
कलाकार चौंक उठें, मंच टूटे, नेपथ्य में मचे भगदड़
अब मैं भी दग़ा करना चाहता हूं।

नहीं चाहिए मुझे कुछ भी शुद्ध
मत दो मुझे नारियल, बेल, फूल
मैंने देख लिया है पानी
मैंने खोज लिये हैं सफ़ेद पंख
बहुत जान लिया क्षितिज पर बैठे शरीरों को
बहुत सुन लिये उत्सव के कोलाहल
बहुत देख ली बरसाती नदी।

अब उलीचना है मुझे भी
जल, थल, शब्द, गंध सब उगल देना है
उतार देना है कलश
मुझे अब शुभ हाथों का शगुन बिगाड़ना है

अब मुझे आहटों के साथ आना है
मुझे कई पक्षी उड़ाने हैं।

[1999]

गौरव-यात्रा ?

जब बाज़ार हुकूमत पर चढ़ गया
तो सत्ता बाज़ार में उतर आई
तुम चाहते हो मैं इन शब्दों को बदल दूं
चढ़ने और उतरने का विनिमय कर दूं
मेरे वाक्य तुम्हें सात्त्विक नहीं लगते
क्योंकि तुमने पुण्य के नाम पर समर-यात्रा शुरू की थी
और मैंने तुम्हारे रणक्षेत्र की परिभाषा बदल दी
क्योंकि तुम अपना गर्जन सुनाना चाहते थे,
और मैंने तुम्हारी फुसफुसाहट सुन ली।

वैसे इससे तुम्हें कोई फ़र्क़ नहीं पड़ा
तुम्हारी ख़बरों को अनुबंधों की कमी नहीं हुई
तुम्हारी सियासत और ख़रीदारी नेम-धर्म का व्यवहार बनी
जो सस्ता है
जहां अपना कुछ नहीं जाता
उसे ख़रीदो
जिनका जाता है, वे कैसे भी कम हैं
उन्हें सरेआम नीलाम कर दो
यही दस्तूर है
लेकिन हम बाज़ारू नहीं, सांस्कृतिक हैं
हम प्राच्यविद् हैं
इसलिए हमारे यहां अनुबंधों का विज्ञापन जयघोष का रूपांतरण बनता है
तुरही बजती है, पुष्पहार पहनाए जाते हैं
और इस लोक से परलोक की बातें होती हैं।

इस लोक से बड़ा परलोक है
वहां अमृत है
और मुग्ध होना हमारा कर्तव्य है
वहीं हमारा घर है
यहां तो सिर्फ़ मंदिर पर्याप्त है
जब अनाज अपने घर का नहीं होता, तो भाषा आत्मतुष्ट हो ही जाती है
पर यह तुम नहीं मानते
तुम अपने आत्ममोहित स्वर में प्रतिकार करते हो—घर वर क्या है,
बाज़ार भी अपना ही है
जो दाने उगाते हैं उन्हें मांगना नहीं, ख़रीदना चाहिए
सस्ता नहीं है तो मत ख़रीदो, पर मांगो नहीं
न ख़रीदना हमारा अधिकार है, जो हमें स्वतंत्र राष्ट्र ने दिया है,
मांगना असहिष्णुता है, पूर्व जन्मों के फल का अनादर है
किसी को लोक बनाने से रोकना उचित नहीं
परलोक बिगड़ जाएगा।

वैसे हमारा बाज़ार मज़बूत होता जा ही रहा है
कितनी ही चीज़ें सस्ती होती जा रही हैं
व्यवस्था को छोड़ो, चीज़ों को चुनो
इतना विविध तो कभी नहीं रहा हमारा देश
हमारे यहां थाई फूड आ चुका है,
सिलिकॉन वैली ने अपनी भंगिमाएं भेज ही दी हैं
हमारी सड़कों पर ऐलेन सॉली के रंग छा रहे हैं
हम माइक्रोचिप पर बहस कर रहे हैं।

तुम्हारा बयान है
हम प्राच्यविद् हैं लेकिन संकीर्ण नहीं और यूं भी
हमारे लिए सांसारिकता महत्त्वपूर्ण नहीं है
बाज़ार फैल रहा है तो क्या
बाज़ार आत्मा नहीं होते
और वैसे भी तुमने किताबों को बदल कर यह छाप दिया है
कि चाहे पीढ़ियां गुज़र गई हों, पर जो बाहर से आए थे

उन्हें वापस निकालना हमारी आत्मा की आवाज़ है।

तुम्हारी फुसफुसाहट को सुनने वाले इन दिनों कम हो रहे हैं
वैसे ही जैसे बाज़ार में कुछ तबकों की जगह
तुम्हारी बयानबाज़ी दिलचस्प होती जा रही है
खुले बाज़ार और सुरक्षित आत्मा के कंधों पर हाथ रख कर
कल ही तुमने कहा था—
हमारे देश की गौरव-यात्रा शुरू हो गई है।

[2003]

बुरहानपुर

बुरहानपुर में बड़ी गर्म हवा चलती है
पुराने मकबरे तपते हैं,
दीवारें दहकती हैं,
एक तहज़ीब झुलस जाती है।

कहने वाले बहुत कुछ कहते हैं
जैसे उर्दू ग़ज़ल हैदराबाद से भी पहले बुरहानपुर में पैदा हुई
जैसे सोलहवीं शताब्दी में गुजरात से भाग कर सूफ़ी संत यहां पहुंचे
जैसे लोदीपुरा दौलत खां लोदी के नाम पर है और दौलतपुरा भी उसी के
 नाम पर
जैसे बुरहानपुर में पहले गर्मी बर्दाश्त से इतनी बाहर तो नहीं थी।

बुरहानपुर जो पहले दक्कन का दरवाज़ा था
जैसे अब एक बन्द सूबे के आख़िरी मकान की एक बन्द खिड़की हो
जिसके अंदर बातें ही बातें सर टकराती हों
जैसे मुमताज की मौत पर शाहजहां पहले यहीं ताजमहल बनवाना चाहता था
और उसी शाहजहां को पास के एक गांव की लड़की गुलारा से भी प्यार था
जैसे बुरहानपुर के बुनकर मर खप गए
जैसे बुरहानपुर के बोहरों ने दरगाहे-हकीमी में खूब पैसा लगाया है
जैसे बुरहानपुर हिन्दुओं का भी तीर्थस्थल है
और मुगलों ने ही यहां कौन से बड़े ख़ूबसूरत इमारत बनवाए?
जैसे फारूखी शाहों का काला पत्थर मुग़लों तक चलता ही तो गया
जैसे मुग़ल शहज़ादों की हुकूमत के इस शहर में
रहीम के पानी के भंडारे ने शाही खानदारों की तासीर कहां ठंडी की!

जैसे दनियाल पी-पीकर कुत्ते की मौत मरा
परवेज़ दुत्कारा जाकर कायर की तरह चल बसा
मुमताज़ खुद बच्चे पैदा कर-कर के एक आम औरत की तरह गुज़र गई
बेगम शाहशुज़ा यूं झड़ गई जैसे उसके मकबरे के बाहर की चित्रकारी
और औरंगज़ेब जैसा पीर फ़क़ीर भी यहां आकर ज़ैनाबादी के इश्क में
बरबाद रहा
जैसे यहां के सेठों ने तो शाही किले से भी विशाल इमारतें बनवा रखी हैं
जैसे फिर भी, कुछ भी कहो मुग़ल तो मुग़ल ही थे
इनके न्योछावर सिक्के आज भी यहां मिलते ही रहते हैं
न होते हों वे सिक्के सोने के
लेकिन उसके बाद फिर क्या किसी ने लुटाए सिक्के कभी?

जानता हूं यह सब गलियों की बातें हैं
नमक मिर्च लगाकर बिना काम के लोगों के बीच लू भरी दोपहर गुज़ारने
को बेसब्र बीते दिनों की गप्पें
थोड़ा इतिहास, थोड़ा रश्क, थोड़ी हसरत और थोड़े कांच जैसे ख्वाब
भले ही कांच के वे मशहूर गोले अब बुरहानपुर में न बनते हों
और भले ही कब्रिस्तान बुनकरों के नाम पर न होकर शहज़ादों की धाय
अनगा के नाम पर हो
पर महल गुलारा के पास की नदी का नाम आज भी उतावली है
और उतावलेपन में कही सुनी बातों को नज़रअन्दाज़ नहीं करना चाहिए,
खास तौर पर उन शहरों में जहां बड़ी गर्म हवा चलती है।

[2005]

और प्रतिमा ही कहता था

अनगढ़ा सा था वह
पर सपना नहीं था
उससे प्यार भी करता ही था मैं
लेकिन वह मेरा अपना नहीं था।

वह मेरे मन से निकला था
पर बाहर फैलता था
औरे मेरे ही शरीर के सामने खड़ा हो
कभी मुझे चिढ़ाता, कभी तालियां बजाता था
वह हमदर्द नहीं था,
वह तुक भी नहीं था
पर मेरे भ्रमों के बीच उतर कर
मुझसे गाहे-बगाहे उलझ पड़ता था।

उसके प्रश्न कई थे
उसके पास समय भी बहुत था
वह प्रतिमा को प्रतिमा कह सकता था
और प्रतिमा ही कहता था
वह विद्रूप नहीं था,
पर बेचैन करता था
वह मेरी दिशा भी नहीं था
पर रास्ते में रोक कर पूछ लेता था कि क्या-क्या गढ़ना बाक़ी रह गया है
और क्या वाकई मुझे पत्थरों का दाम मालूम है?

वह प्रचंड नहीं था

पर वह हलका भी नहीं था
वह कभी-कभी नींद उड़ा देता था
पर वह डर भी नहीं था
वह तमाशबीनों की जमात में शामिल होकर मुझे टोकता था
मेरे जोड़ने पर भी,
मेरे तोड़ने पर भी
वह मेरे हर मोड़ का चश्मदीद था, पर मेरा गवाह नहीं था।

उसकी पोशाक पर कई ठप्पे लगे थे
और वह उनके सहारे कभी सुबह, कभी दोपहर
और कभी शाम को आ लेता था
कभी घर की सफेदी से झांक कर
कभी बाहर की आवाज़ों में पनप कर
मैं उसे पहचान नहीं पाता था, पर वह वहम भी नहीं था
उसका अक्स चिपका रहता था मेरे बाहर
लोग उसे देखते थे और मुझे अन्दर से आंकते थे।

[1999]

जो हुआ वह भयावह था

आदमी के कई पहलू थे
आदमी पहलू बदलता भी था
सिद्धांतों की कोई दुनिया नहीं थी
कुछ घर अवश्य थे
जो या तो फैल नहीं पाए या टूट गए।

क़ीमत के पीछे सामाजिक संबंधों की थ्योरी थी
पर वह क़ीमती नहीं हुई
उसे क़ीमती होने भी नहीं दिया गया
उत्पाद बढ़े-चढ़े
श्रम विभक्त रहा
जो पर्दे के पीछे था वह केन्द्रीकृत था
जिससे जूझना था उसके कई तरल अवयव थे
जो हाथ नहीं आते थे
या हाथ आकर फिसल जाते थे
या फिर ख़ूबसूरत सा एक धोखा बनकर भ्रांति उत्पन्न करते थे
जैसे मैडोना की कोई सुंदर पेंटिंग,
पियानों पर फैलती कोई सिम्फ़नी
या फिर ईश्वर को
ही हासिल कर लेने का मोहभ्रम।

प्रबंधन एक विषय बना
विषय विश्वव्यापी हुआ
प्रबंधक मोटे हुए

प्रशिक्षकों ने विश्वभ्रमण किया
आदमी कुछ सीखता रहा, कुछ फेंकता रहा
कभी-कभी संदिग्ध भी रहा
कभी कनफ़्यूज़्ड भी हुआ
पर धारा पतली ही सही
कुछ नमी आ ही गई।

नींव की नमी खतरनाक होती है
घर की हवा भींगी सी हो गई, रोटियाँ गीली हो गईं
बच्चे मज़बूत न हुए
पीढ़ी बेशुमार थी
सीढ़ियों की कतार थी
ज़माने ने नए शब्द खोजे
और उन्हें कम्प्यूटर में डाला।

जो हुआ वह भयावह था
गति ही गति
पर एक विराट स्थितप्रज्ञता
गुब्बारे की तरह फूलता शून्य
शून्य की हवाई हलचल
अदृश्य वाचालता
अंतर्राष्ट्रीय शोर
नए मापक, यंत्रचलित तराज़ू
डोलते हाथ, थिरकते पैर
ख़ाली मस्तिष्क, रीतते विचार

इस तरह हम पहुंचे इक्कीसवी सदी में
आगे की कहानी बताने की ज़रूरत नहीं
आप कभी भी डाउनलोड कर सकते हैं।

[2007]

मैं नहीं मानता

अगर पहचान लिया और फिर समझ भी लिया
तो कुछ बोलना भी चाहिए
मैं नहीं मानता कि आवाज़ को ठंड लगती है
ऐसी कोई सम्भावना भी नहीं है कि चौराहे पर तुम्हारा ख़ून हो जाएगा
मैं जानता हूं कि तुम्हें घर पहुंचने की जल्दी है
पर मैं नहीं मानता कि इतनी भी जल्दी है।

बादलों के इस देश में
जब हवा भारी हो
और बादलों के घने फाहों में पड़ोसी तो क्या
घर वाले भी धुंधले दिख रहे हो
उस वक़्त मैं नहीं मानता
कि तुम्हें सड़क और घर में किसी तरह का फ़र्क करना चाहिए
मैं जानता हूं कि तुम्हारे घर में बच्चे हैं
मैं यह भी जानता हूं कि वे बहुत प्यारे हैं
पर मैं नहीं मानता कि तुम्हारी आवाज़
सिर्फ़ उन्हें कहानियां सुनाने के लिए है
और तुम उन्हें नुक्कड़ पर हो रहे अनुष्ठान का प्रसाद
लाने से नहीं रोक सकते हो।

जो हो रहा है
वह कोई बंदर का तमाशा नहीं है
जहां तुम पल दो पल रुक कर
फिर हलकी-सी हिकारत के साथ चल पड़ो

तुमने जब आदमी पहचाने हैं
उनके करतबों को समझा है
और तुमने जब इतनी किताबें पढ़ी हैं
तो यह भी जानते ही होगे
कि सृष्टि में यह कहीं नहीं लिखा है
कि तुम एक दर्शक निमित्त मात्र ही लाए गए हो इस संसार में
ताकि तुम संसार की नश्वरता देखते रहो
उस वक़्त तक
जिसे तुम अपना समय कहते हो
मैं जानता हूं कि तुम रोक नहीं सकते
पर मैं नहीं मानता कि तुम टोक भी नहीं सकते

माना कि तुम दुनिया के नुमाइंदे नहीं हो
यह भी मान लिया कि तुम्हारे घर में
रोटियां गोल-गोल सिंक जाती हैं
तो तुम अपनी मर्ज़ी के मालिक हो
पर मैं नहीं मानता कि हवा का दबाव बर्दाश्त करना तुम्हारी मर्ज़ी है
मैं यह भी नहीं मानता कि यह तुम्हारी लाचारी है
बहुत कायराना लगता है कुहासे को आते देख
तुम्हारा चुपचाप निकल जाना
ख़ास तौर से जब तुम
चौराहों पर अपनी बगलों में हमेशा किताबें दबाए मिलते हो।

[2007]

अच्छे नहीं लगे पंचगनी के फूल

पठार सीधे ख़त्म हो जाता है यहां
नीचे बहुत दूर नज़र आते हैं कुछ मकान
शून्यता को ग़रीबों की ढिठाई से संभाले हुए
उन्हें देख कर अच्छा लगता है
पेड़ों, वादियों, हरियाली, फूलों और हवा से भी अच्छा
पंचगनी की इस ऊंची-सी ख़ाली सड़क पर अकेले चलते
आज के दिन बहुत आश्वस्त किया इस ढिठाई ने
मुझे अपने सभी बिछड़े शहरों के मकान याद आए
याद आई भीड़-भाड़, चहल-पहल
पसीना, शोर और बेलगाम लोग
मुझे लगा जैसे मैं एक आदमी
कैसे और क्यों इतने आदमियों को छोड़ कर चला आया
इस सुनसान निर्जीव सी जगह पर
जहां गर्मी ही नहीं लगती
जहां सिर्फ़ अपनी आवाज़ गूंजती है
और वह भी अंतिम शब्द के एक टुकड़े की तरह
जिसके बाद सिर्फ़ होती है सन्नाटे की सिहरन

मुझे खौफ़-सा लगा इस निस्संग सी ठंड से
आज कुछ अच्छे नहीं लगे पंचगनी के फूल।

[2007]

1857 के डेढ़ सौवें वर्ष में

कॉलेज में मेरे एक प्रोफेसर कहा करते थे
कि अगर संघ लोक सेवा आयोग वाले मल्टिपल च्वाइस प्रश्नों में
पूछें कि 1857 क्या था
क्या वह एक सिपाही विद्रोह था, क्या वह धर्म को लेकर लड़ा गया?
क्या वह जनसाधारण की लड़ाई थी या क्या वह राजसत्ता की वापसी का
युद्ध था?
और आपको इनमें से सिर्फ़ एक चुनना हो तो आप क्या करेंगे?
क्या आप इतिहास के अच्छे विद्यार्थी की तरह एक विकल्प की अनिवार्यता पर
उंगली उठाते हुए चारों को चुनेंगे
या फिर प्रतियोगिता में सफलता के लिए
इतिहास को तिलांजलि देकर किसी एक पर निशान लगाएंगे?

मुझे याद है उस दिन हममें से कोई कुछ नहीं बोला
जब आप सब जानते हों कि आप ऐसी स्थिति में क्या क़रेंगे
पर ऐसा करने में थोड़ी शर्म भी महसूस हो
तो, फिर आप बोल नहीं पाते
हां, क्लास के बाहर मेरे कुछ दोस्तों ने ठहाका भी लगाया
और कहा कि कोई गधा ही होगा जो चारों को टिक करेगा
जानबूझ कर एक पूरे सवाल के अंक कौन खोना चाहेगा
वह भी सही इतिहास के नाम पर।
कुछ दोस्त असमंजस में भी रहे
कुछ ने थोड़ी कोफ़्त से कहा कि आखिर ऐसे बेतुके सवाल सेट भी
तो इसी तरह के प्रोफेसर करते हैं
इस तरह 1857 उस दोपहर हमारी चर्चा में रहा

हम 1857 पर ही बातें करते-करते पुरानी दिल्ली के रिज की तरफ निकल गए
शायद उन स्थानों के बहुत करीब जहां यह लड़ाई लड़ी गई थी
हमारे पास से गुज़रने वाले लोगों की बातों में इतिहास-दूर-दूर तक नहीं था
हमारी बातों में भी अगर था
तो शायद सिर्फ़ इसलिए क्योंकि उससे हमारा अपना भविष्य जुड़ गया था
हमारे सामने एक परीक्षा थी
जिसमें हमें बैठना था और सफल होना था
और इसके लिए एक व्यापक बहुआयामी इतिहास को छोटा कर
एक सीमित विकल्प चुनने के अपने निर्णय पर
बहस करके भी हम अडिग थे
हम शायद जायज़ भी थे क्योंकि प्रश्नपत्रों की सत्ता को हम चुनौती नहीं
    दे सकते थे
पर यहीं 1857 के तमाम प्रतिभागियों से हम छोटे भी रहे जिन्होंने
चाहे कैसे भी या किसी भी कारण से
उस समय की औपनिवेशिक सत्ता को ललकारा था।

वैसे कुछ भी न चुनना भी एक विकल्प हो सकता है
और चुनने और न चुनने के बीच भी
एक ऊबर-खाबड़ ज़मीन हो सकती है
जिसके मध्य भी समतल हिस्से बन जाया करते हैं
कौन जानता है सिपाहियों द्वारा जोखन बाग में गोरों के कत्लेआम के बाद भी
झांसी की रानी फरवरी 1858 तक अंग्रेज़ों को चिट्ठियां लिखकर
ऐसे कौन से हिस्से तलाश रही थी
और इस ज़मीन पर फिर ऐसी क्या हलचल हुई
कि उसी रानी में लोगों ने अपनी आवाज़ ही नहीं
और भी न जाने क्या-क्या ढूंढ़ लिया
वह ख़ुद गुड़धानी खाकर भी सिपाहियों को पेड़ा जलेबी खिलानेवाली हो गई
और बुंदेलखंडी विवाह गीतों में
उसकी लड़ाई सत्य और झूठ के बीच की लड़ाई का गाली गीत बनकर
    गूंजती रही।

हरबोलों की मिरजई और मंजीरों की वे बातें

1857 के इस डेढ़ सौवें वर्ष में फिर याद तो आई
पर याद आना कोई विकल्प नहीं था
याद को संदर्भों से न जोड़ने का विकल्प इस समय तक
बहुत सुविधाजनक हो गया है हम सबके लिए
और 1857 के इस डेढ़ सौवें वर्ष तक तो
शायद कॉलेज के हम सभी दोस्त
अपनी-अपनी ज़मीनों में दूर तक धंस चुके हैं।
खतरा अगर साफ़ नहीं हो तो वक़्त बीतते देर नहीं लगती
बहुत धीमे बीते थे अठारह सौ सत्तावन और अट्ठावन के वे दो वर्ष
क्योंकि खतरा सिर्फ गद्दियों और ओहदों
या ज़मीन और जायदाद का नहीं था
लगान का बोझ हो, अफ़ीम या नील की थोपी हुई मारक खेती हो
या रिवाज़ों और कायदों की जगह ऊंचे खम्भे वाली अदालतें हों
सभी कुछ-कुछ अजीबोगरीब और ऐसा था
जैसा पहले कभी देखा न था
न हुनर की कद्र, न पुश्तैनी रवायतों की परवाह, न खानदानी इज्ज़त की फिक्र
मानो एक औपनिवेशिक झोंका हो जो बढ़ता जा रहा हो
और पूरी संस्कृति ही हिल गई हो।

1857 के बारे में कितना कुछ लिखा गया जो हमने पढ़ा भी था
पर शायद यह नहीं समझ पाए
कि यदि संस्कृति की आम परिभाषा जीवन शैली होती है
तो इसी संस्कृति की खास परिभाषा संघर्ष भी हो सकती है
समझ जाते तो शायद दुनिया तो न बदल पाते
पर इतने धंसे भी न होते कि निकलना गैर ज़रूरी मान लें
हमसे अधिक 1857 को तो साथ लेकर चले हैं वही उपनिवेशी ताक़त
जो अब सभी आडम्बर छोड़ पूरे निवेशी हैं
भौतिक जगत से लेकर अंतर्चेतना तक चलता है निवेश का खेल
तभी तो अब ख़तरे साफ़ नहीं नज़र आते
वक्त इतनी तेजी से बीतता है खिलौनों के बीच
कि विचार बन नहीं पाते, नज़रें टिक नहीं पातीं
जीवन शैली का अर्थ मानो एक क्षण हो गया हो

और क्षण से क्षण की कुलांचों में पूरी पृथ्वी को नाप लेना ही माद्दा हो
क्योंकि पृथ्वी अब एक-सी होने का आभास देती है।

पर पृथ्वी एक है कहां?
न कभी थी न है
जब-जब यह अहसास जागता है तो 1857 जैसी कोई चीज़ होती है
जब-जब यह अहसास मरता है तो 2007 बीतता चला जाता है
और 1857 के एक सौ पचास वर्ष बाद
इलाहाबाद की सड़कों पर चलते हुए हम भूल जाते हैं कि तीखा संघर्ष ऐसा होता है
कि इसी शहर में किसी साधारण विद्रोही द्वारा
न सिर्फ़ कोयले के गोदाम को ब्रिटिश सत्ता का प्रतीक मानकर जलाया गया
बल्कि कोयले को भी लूटा नहीं वहीं स्वाहा कर डाला गया
हमें याद नहीं आता भोजपुर के धोबियों का वह भावुक-सा बिरहा
कि बाबू कुंअर सिंह के राज बिना अब कपड़ों को केसरिया से न रंगाएंगे
हमें मिट्टी में रची बसी वह रागात्मक धुनें भी नहीं याद रहतीं जिसमें
छोटे-छोटे जाने-पहचाने प्यार कैमूर की पहाड़ियों,
पिता जैसे जंगल और कुंअर सिंह के भर-भर कटोरा दूध पीने वाले बछड़ों से लिपटते हैं
हमें होली की उस ऊपर को नीचे और नीचे को ऊपर कर देने वाली अर्थव्यंजकता भी याद नहीं
जब देवर-भाभी की ठिठोली लोक गीत में मूर नामक एक अंग्रेज अधिकारी के सिर को
काट कर भाभी के पास लाने का रूप धर
हास्य से बढ़ कर एक बड़ी ताक़त का बड़ा उपहास बनकर सामने आई थी
छोटी-छोटी ऐसी कितनी ही बातें हमें याद नहीं
छोटी बातों से बनी बड़ी-बड़ी बातें भी शायद इसीलिए
बिना पत्तों के पेड़ सरीखे लगने लगी हैं
और शहरों में पेड़ यूं भी कम हो चले हैं
रहते तो भी उन पर खुले आम फांसी तो अब दी नहीं जा सकती
ज़माना बदल गया है
अब भी मौत कलेवरों में छुप छुपाकर आती तो जा रही है

पर उसकी आहटें नहीं आतीं
और लगता है जैसे समय बहुत जल्दी बीत रहा है।

इतनी ही जल्दी ढहते जा रहे हैं 1857 के कई-कई अवशेष
जिन्हें आज तक स्मारक घोषित नहीं किया गया
अभिलेखागारों की सम्भ्रांत नस्तियों में जो न मिले
उसकी विश्वसनीयता हमारे इतिहास में संदिग्ध हो जाती है
पुराने पीले काग़ज़ों की महक को प्रामाणिक मानने का एक अर्थ यह भी रहा है
कि ऐसी कई आवाज़ें जिन्होंने कहा कि सब कुछ लाल हो जाएगा
उनकी तलाश मुल्तवी रखी गई
और जब अंततः शुरू की गई
तो उनकी अनुगूंज बड़ी धूमिल हो चुकी थी
मंडला के उन जंगलों के बहुत सारे पेड़
दुखनू और मंगनू गोंड की यादों को लिए हुए ही जा चुके थे
चिड़ियों को प्रशिक्षित करके संदेश भेजने की कला,
गोखरू से अंग्रेज सिपाहियों को फंसाने का फन
खैरी में भेड़ों के गले में लालटेन बांध कर अंग्रेज़ों को छकाने का मज़ा
इन भावनाओं को इतिहास में शामिल कराने की
ताक़त नहीं है उन आदिवासियों के पास
उनकी संस्कृति में ऐसे गीतों की गुनगुनाहट तो है
पर वह गुनगुनी धूप बन कर निखरती नहीं
वह चांदनी रात में ही भीमा भीमा का खेल खेलती है
बिना खिलौनों के
सिर्फ इस आशा के साथ कि भीमा नायक फिर आएगा, उसे फिर आना है
भीमा को आवनो से, दुख सारा कोटी जोसे
आज भी गाते हैं निमाड़ के भील
1857 को डेढ़ सौ वर्ष बीत चुके हैं
कुछ दुख अभी तक नहीं बीते।

गौर करें तो 1857 के दुखों की कहानी बहुत बड़ी है
ग़रीबी के दुख, अमीरी के दुख

सचमुच के दुख, कुछ पाले हुए दुख
सच्ची भूख से व्याकुल दुख
झूठी शान से परेशान दुख
बह कई दुखों को जोड़कर लड़ी गई एक लड़ाई थी
तो वह कुछ दुखों को छोड़ कर भी लड़ी गई एक लड़ाई थी
कमजोर जोड़ों को बांधता एक दुश्मन था
कुछ दुख इसलिए नहीं बीते कि दुश्मन शक्तिशाली था
और कुछ दुख जैसे कभी बीतते नहीं
फिर भी लड़े क्योंकि उम्मीद ज़िंदा थी
उम्मीद भी तो नहीं बीतती
ख़तरों से विचलित उम्मीद तो बिल्कुल नहीं
ख़तरे साफ़ हों तो उम्मीद ज़िंदा रहती है
आग सुलगती है बुझती नहीं
पर खतरों को देखना ज़रूरी है
1857 के डेढ़ सौ वर्ष बाद भी नज़र आने चाहिए ख़तरे
स्पष्ट दिखाई न दें तो उन्हें खोजना चाहिए, आशंकाओं की पदचाप के सहारे
उस अंग्रेज़ सिपाही की तरह जो अवध की रातों में
तुम कहां छुपे ओ बेनीमाधो के गीत गाते हुए
सुबह का इंतज़ार करता था।

वैसे सोचिए तो गांव से गांव रोटियों को क्रम से बांटते जाना
आशंका को यथार्थ की ज़ुबान देने की एक अजीब परम्परा थी
जैसे कुछ बोलिए न बोलिए पर कुछ होने वाला हो
जैसे महामारी के समय होता था
एक ऐसे समाज में
जहां रोटियां मुहाल थी और आशंकाएं भरपूर
जहां रोटी आशा थी
और यह यक़ीन था कि यथार्थ से ही आशा की लहर बहती है।

पर यह लहर आगे नहीं पीछे जाती थी
कारतूस की चर्बी, आटे में हड्डियों का चूरा, मिलावट की ढेर सारी
अफ़वाहों के पीछे

अपनी परछाइयों से चिपकने का मोह इतना था
कि सिर्फ़ बाप दादों के ज़माने ही सुनहरे लगते थे
उसकी बातें ही नैतिक लगती थीं
मलाल शायराना हो या सैनिकाना
पर अंग्रेज़ों की खिलाफ़त के हर पहलू के पीछे
पवित्रता और प्रदूषण की नानियों और दादियों की वही पुरानी कहानियां थीं
जिन्हें सुन कर गांव-गांव के सवर्ण
बचपन से ही बड़े-बूढ़ों जैसी बातें करने लगते थे।

ऐसी कहानियों ने कुछ तबकों को हमेशा अलग ही रखा है
कुछ पारम्पारिक सामंती आचारों से विभेद का दंश कम तो हो सकता था
पर मिट नहीं सकता था
लड़े वे तबके भी कहीं-कहीं
कई बार अनुचरों के रूप में
कभी-कभी सत्ता के स्वायत्त प्रतिरोध की तरह भी
पर पवित्रता को बचाने के उस युद्ध में
उनकी अस्पृश्यता का निजात नहीं था
जिस दुनिया को वापस लाए जाने की लड़ाई थी
वहां वे अछूत ही रहते
शायद अंग्रेज़ों से भी अधिक
जिन व्यवहारों, आचारों और नैतिकताओं को धर्म मान कर लड़ा गया
उनकी खड्ग पूजा में
युद्ध के पहले भी शामिल होने की मनाही थी उन्हें
और अगर जीतते तो भी जूठन ही मिलती, प्रसाद नहीं।

शायद इसलिए भी सब कुछ लाल नहीं हुआ 1857 में
पौरुष और मर्दानगी की तमाम लोकोक्तियों के बीच
जाति और गोत्र के समस्त गठबंधनों के बीच
धर्म और प्रतिष्ठा की सामाजिक मान्यताओं के बीच
गढ़ियां और किले बिखरते चले गए
अवध, बुंदेलखंड और भोजपुर के गांवों में घूमते हुए
उनके पत्थर आज भी मिल जाएंगे

और आपसे कहेंगे कि बड़ी लड़ाइयां ऐसे मुहावरों से नहीं जीती जा सकतीं
आज तो और भी नहीं
जब द्रुत चलायमान छवियों के बीच से ही दुश्मन पर नज़र ठहरानी हो
और समर्थन लेने के लिए
गति के भ्रम में चल रहे समुदायों को एक ख़ास दिशा दिखाना हो।

आज 1857 के इस डेढ़ सौवें वर्ष में
जब उस विद्रोह की तहें हम ढूंढ़ते हैं
तो बहुत उलझा-उलझा लगता है सब
हमारी आंखों में बीते डेढ़ सौ वर्षों की छायाएं भी लहरा जाती हैं
इन छायाओं के अपने ताने बाने हैं
और आज़ादी अपनी भिन्न आकृतियों में कभी चमकती तो कभी बेहद
धूमिल दिखती है
लेकिन छायाओं के इस खेल में भी
1857 एक लड़ाई के रूप में गम्भीर बना रहता है
भले ही शरीर कमज़ोर हो
मन भले ही अपनी सीमाओं के अंदर जकड़ा हो
पर चेहरे की गम्भीरता को नकारा नहीं जा सकता
लड़ना भी बड़ी बात होती है
यह एक उठा हुआ कदम होता है
और हार भी इसे वापस ज़मीन में उस तरह धंसा नहीं पाती
जैसे आज आभासों के मायाजाल में विचरते हुए भी हम आप धंसे हैं
राणा बेनीमाधव की अपनी सीमाएं थीं, सच है
उस ज़माने की भी अपनी सीमाएं थीं
कर्म को भी धर्म के मुहावरे दिये जाते थे
पर यह भी सच है कि 1857 ने ईश्वर और भाग्य को भी संघर्ष से ही जोड़ा,
निष्क्रियता से नहीं
वरना इस खुले-खुले देश में तो आज हम अपने रहनुमाओं से इतना भी नहीं
कह पाते कि
'तुम तो जाए मिल्यो गोरन से हमका है भगवाना'।

[2008]

●●●